U0336144

Learning to See

Value-Stream Mapping to Create
Value and Eliminate Muda

学习观察

通过价值流图创造价值、消除浪费

典藏版

[美]
迈克·鲁斯
（Mike Rother）

约翰·舒克
（John Shook）

著

赵克强 刘健 译

机械工业出版社
CHINA MACHINE PRESS

北京市版权局著作权合同登记　图字:01-2012-7908 号。

图书在版编目(CIP)数据

学习观察:通过价值流图创造价值、消除浪费:典藏版 /(美)迈克·鲁斯(Mike Rother),(美)约翰·舒克(John Shook)著;赵克强,刘健译 . —— 北京:机械工业出版社,2025. 2. ——(精益思想丛书).

ISBN 978-7-111-77546-1

Ⅰ. F431.364

中国国家版本馆 CIP 数据核字第 20259FH439 号

机械工业出版社(北京市百万庄大街22号　邮政编码100037)
策划编辑:白　婕　　　　　　　　责任编辑:白　婕
责任校对:杨　霞　张雨霏　景　飞　责任印制:邬　敏
三河市国英印务有限公司印刷
2025 年 4 月第 1 版第 1 次印刷
170mm × 230mm · 10.75 印张 · 1 插页 · 108 千字
标准书号:ISBN 978-7-111-77546-1
定价:49.00 元

电话服务　　　　　　　　　　网络服务
客服电话:010-88361066　　　机 工 官 网:www.cmpbook.com
　　　　　010-88379833　　　机 工 官 博:weibo.com/cmp1952
　　　　　010-68326294　　　金 书 网:www.golden-book.com
封底无防伪标均为盗版　　　　机工教育服务网:www.cmpedu.com

哪里为顾客提供产品与服务，

哪里就有价值流，

其间一定有浪费，

挑战在于如何观察，找出浪费！

推荐序

当我们在 1996 年秋初次发行《精益思想》(*Lean Thinking*)时,曾敦促读者要本着大野耐一及其他"丰田系统"开拓者的精神放手去做。迄今为止,该书已经印刷了 30 余万册,我们不断收到读者发来的电子邮件、传真,打来的电话,写来的信件甚至个人报告。我们了解到,你们中的许多人已经采纳了我们的建议。

然而,我们也发现有些读者偏离了我们在《精益思想》一书第 11 章(第 2 版第 15 章)所强调的循序渐进的转变过程:

1. 在公司内部找出一位推动变革的领导者(你就是一个理想的人选)。

2. 找到一位"老师"(sensei,一位经验丰富的导师)。

3. 创造一个危机,使你在公司中能激励新的变革。

但这时,他们直接就跳到了第 5 步:

5. 找出重要的环节，然后迅速消除浪费，短期内取得令人震惊的成果。

然而，这被忽略的第 4 步实际上是最为关键的：

4. 为产品系列绘制一幅价值流图。

遗憾的是，我们发现很多人没有遵循这个建议，往往一头钻进消除浪费的工作里去，并没有认真地完成这关键的一步。有些公司轻率地直接进入大规模的消除浪费的活动，发动改善攻势，或者进行不断的"闪电战"。尽管这些精心策划的措施改善了产品价值流中的一部分，但价值流在下游库存的沼泽里停滞不前。这种结果没有达到节省成本的底线；顾客没能在质量和服务上获得满意的效果；供应商也没有获得好处。在某些价值领域里，这种结果虽然可以接受，但从整体价值流，尤其从成本的角度来看，则不尽如人意。

这种改善虽付出了努力，但结果却令人失望，过一段日子就被束之高阁，取而代之的是"消除瓶颈"（根据"约束理论"）、六西格玛方案（针对一家公司最明显的质量问题）或者其他种种改善方案。但是这些项目都带来了同样的结果：在某些程序上取得了孤立的成绩，却没有成功地带动全面改善。

因此，我们发现了一个紧迫的需要，那就是如何为精益思想者提供一个最重要的工具，帮助大家持续消除浪费。精益企业研究院的第一个"工具"就是"价值流图"。在本书中，迈克·鲁斯和约翰·舒克将向大家介绍如何绘制价值流图，并展示这个价值流图工具如何帮助经理、工程师、生产管理员、计划员、供应商以及顾客找出浪费，并发现价值。

只有将改善和精益生产战略性地应用在价值流中，才能获得最大的成效。价值流图使你能够看清每一道工序，将它们从复杂的状况中拉出来，并根据精益的原则，创建一个更有效的价值流。每次修改价值流时，你都可以使用同样的工具。

我们组织了一个有丰富实践经验的作者团队：研究丰田的迈克·鲁斯曾与许多公司合作，介绍精益生产，并且还在密歇根大学任教；约翰·舒克曾在丰田工作了10年，大部分时间用于指导供应商如何发现问题，目前担任精益企业研究院的高级顾问。他们拥有大量的知识和经验，那是他们经过多年钻研获得的学习曲线。现在，他们把这些知识和经验拿出来与大家分享。

我们希望《精益思想》的读者和从事精益的同行，学习使用这个图析工具，还希望你能告诉我们关于使用这个工具的建议。我们在追求卓越的过程中希望听到你的成功案例，更想了解你遇到的困难。

所以，再次提醒大家"动手去画"！一个产品系列接着另一个产品系列地去绘制价值流图。先从公司内部开始，然后再扩展到公司外的供应链。请告诉我们你的经验，我们会与其他的精益同好分享。

詹姆斯·P.沃麦克（James P. Womack）和

丹尼尔·T.琼斯（Daniel T. Jones）

美国马萨诸塞州剑桥市

英国赫里福德郡小伯奇

译者序

《学习观察》（*Learning to See*）介绍的价值流图是实践精益改善的首要工具。本书已经在全球以 16 种语言发行，发行的数量近 50 万册，是精益图书中继《改变世界的机器》后又一本畅销书。精益企业中国有幸于 2005 年获得该书的版权，翻译成中文，颇受读者欢迎。虽然精益思想进入中国时间不长，但以中国今天的经济规模和企业数目，这本在中国精益圈内所谓的畅销书，其销售量比在其他先进国家相对少得多。检讨之余，我们决定以新面孔推出，希望能帮助广大的中国企业，在竞争激烈的经济环境下，实施改善，提升自我，做大做强。

这一版的第一点改良是增添了中国企业的价值流图案例。我相信本土化将是精益思想在中国发展的不二途径，这包括用中国的教材、中国的案例、中国的老师来传授这个有效的方法。

第二点是增加价值比。精益企业是一个全球性非营利组织，目的在于帮助企业提高质量、降低成本、为客户群提供更好的服务。非常感谢美国精益企业研究院与两位原书作者——迈克·鲁斯先生和约翰·舒克先生同意我们以创新的手段在中国发行《学习观察》。

第三点是扩大国内销售渠道。新版将由机械工业出版社出版发行。希望借由其品牌与渠道，既能为读者节省购书费用，又方便读者在书店购买。

感谢多年来参与本书翻译与校稿工作的朋友，同时感谢刘健帮忙收集、汇整中国企业的价值流图案例。感谢江苏凯灵、英格索兰以及中集等多家公司慷慨地提供价值流图，相信这些中国案例一定能启发更多的中国企业，动手去绘制公司里不同部门的价值流图。

我们希望读者能学习到本书的精华，到现场去观察，并动手绘制价值流图。经过了解公司的整体作业流程，找出其中的浪费，然后制订改善计划，组织跨部门小组按计划行动。

祝你们的精益之旅顺利成功。

赵克强博士

精益企业中国创始人

　　《学习观察》已经被全球的精益实践者视为实施精益的一个标准工具，是一个行之有效的改善工具。我们希望书中介绍的价值流图能帮助你的企业进一步跨越单个流程或职能部门等"点"的改善项目，串联起来成为一个从接订单到把产品送到客户手上的横向价值流。

　　自 1998 年《学习观察》第一次发行以来，成千上万的精益实践者已经在各自的岗位上绘制了价值流图。价值流图的"价值"可以经由一个跨职能部门的精益小组来发现：一起画出现状价值流图（简称现状图），去发现问题，集思广益地寻求理想状态，然后持续朝这个目标迈进。我们高兴地看到许多可喜的改善绩效，但也看到一些不尽如人意的结果。

　　根据我们的经验，有以下三种出错的可能：

　　（1）把现状图仅当作一个寻找浪费、问题以及改善机会的工具，虽然在短期内可以见到一些效果，但这种散乱型"点"的改善很难持续地加强企业的竞争力。

　　（2）以为绘制完未来状态价值流图（简称未来状态图）就交差

了事了，因此没有把未来状态图作为日后 PDCA 改善循环的指导方针，从而带动整个企业的精益转型。

（3）由于内外部环境的不断改变，所以没有人在一开始时就能清楚地看到一幅完善的未来状态图。我们必须系统性地检查，并定期把学习心得与反思反馈到未来状态图中，不断完善它。还有一点很容易令人误解，那就是价值流图并不能为你提供答案，却能不断地把问题显示出来。这些问题经过 PDCA 逐个解决，持续改善，这就是精益求精。

我们愿意在此与你分享，如何把价值流图作为一个帮助企业完成战略目标的工具。我们认为价值流图最佳的用途是把"点"的改善项目串联起来，集中力量去应对企业最关键的挑战。在改善过程中，可以用下列问题来引导大家：

（1）企业目前的战略目标是什么？

（2）产品系列价值流的现状如何？

（3）未来状态图如何帮助企业完成战略目标？

欣闻《学习观察》的中文新版即将发行，希望中国读者能和我们一起继续学习，加强价值流图在创造新知识的流程、产品开发系统以及医疗行业等非制造领域的应用。当我们看到大家能应用"学习观察"的理念和价值流图的方法，不断地去创造更美好的明天时，我们能感到莫名的欣慰。

迈克·鲁斯

约翰·舒克

前言

　　当我们苦思冥想，为什么在通往精益的道路上，实践的过程比预期的更为困难时，我们幸运地发现了一个简单且充满活力的工具，可以帮助我们认识真实的现状并明确未来方向。

　　我们当中的一位专家——迈克·鲁斯，长时间从事工厂的实际运作，并致力于寻找一种将精益的概念和技术贯穿起来的方法。而这两者之间的距离，却远比预料中的还要遥远。在研究丰田精益生产实施的过程中，迈克注意到了绘图的方法。他意识到其潜力并将这一工具规范化，创造出一套极为成功的培训方法。

　　我们当中的另一人——约翰·舒克，使用这种"工具"已达十年之久，但从未认识到这个工具竟然如此有用。当他在丰田工作时，绘图基本上是一个促使不同部门之间彼此沟通的工具。

　　本书中被称作"价值流图"（value-stream mapping）的工具，在丰田被称为"物料及信息流图"。它不仅是一种培训工具，更是一种"学习观察"的手段。丰田生产方式（TPS）的实践者在实施精益时，用它来描述当前状态以及理想状态。在丰田，尽管很少听到"价值流"这个词，但是员工把注意力都倾注于建立流动、消除浪费和增加价值上。丰田的员工认识到生产过程中的三个流：物料流、信息流和人员／工序流。这里介绍的价值流图，涵盖了其中的前两者，它以丰田的"物料及信息流图"为基础。

近年来，我们一直在努力寻找各种方法，以帮助企业从流动的角度考虑问题，而不仅是单独注重生产效率，希望能找出一些方法以帮助企业实施精益生产系统，而不仅是生产工序的改善。我们努力帮助企业进行持续的、系统化的改善，不仅能够消除浪费，而且能够清除浪费的根源，从而使其不再出现。一些人在开始时，往往抱着一种尝试的心理，但很快就证明了，一旦将工作集中在流动和"学习观察"上，他就能为企业带来极为出色的成绩。现在我们就把这种方法介绍给你。

迈克·鲁斯和约翰·舒克
美国密歇根州安娜堡市

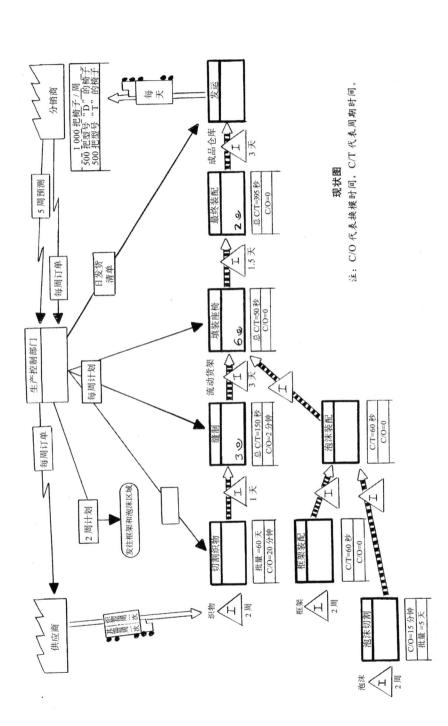

现状图

注：C/O 代表换模时间，C/T 代表周期时间。

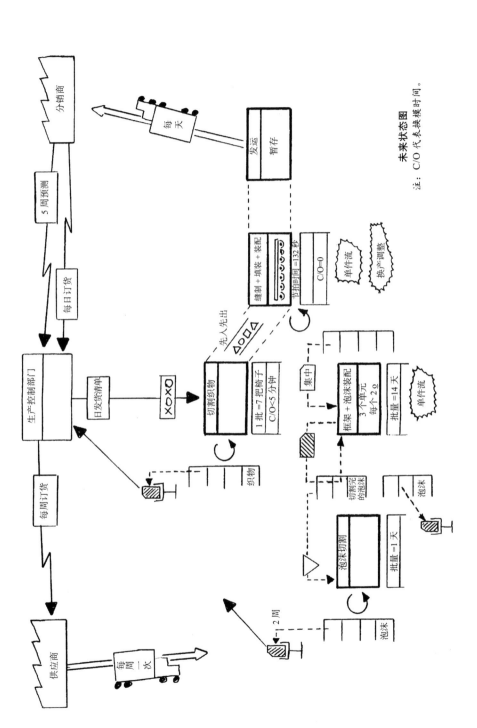

未来状态图

注：C/O 代表换模时间。

起　步

- 什么是价值流图。
- 物料流和信息流。
- 选择一个产品系列。
- 价值流经理。
- 两种类型的改善。
- 使用价值流图。

起　　步

- 什么是价值流图。
- 物料流和信息流。
- 选择一个产品系列。
- 价值流经理。
- 两种类型的改善。
- 使用价值流图。

什么是价值流图

"价值流"对你来说可能是一个新词汇。对一种产品来说，价值流是一个产品经过的所有过程，包括：①从原材料到产品的生产过程；②从概念到投产的设计过程。其中有许多增值活动和非增值活动。本书的重点在于从顾客的需求回溯到原材料的生产过程，也就是精益生产的范围。许多朋友在实施精益时，往往在这个过程中遇到困难。

从价值流的角度看问题，必须从整体着手，而不仅是考虑单个工序。这意味着改善整体流程的效益，而不仅是局部优化。为了着眼于整体，必须考虑如何从原材料转变成顾客手中的产品，因此需要画出一幅完整的价值流图。这可能要涉及供应商或其他工厂，但对起步者来说，这牵涉的面可能太大了！

本书针对的是一家工厂"从门到门"的生产流程，包括从供应商送货到工厂，一直到发运给顾客的过程。你可以设计一个未来状态，作为实施精益改善的出发点。

随着经验和信心的提高，你可以开始拓展你的精益领域，从工厂延伸到原材料供应商，乃至顾客的整体价值流图。请注意，对于一家大型企业，当产品的价值流包括一家以上的工厂时，你应尽快把相连的工厂加入到价值流中去。

绘制价值流图只需要一支铅笔和一张纸，它可以帮助你观察和了解产品的物料流与信息流。价值流图的理论十分简单：按照从顾客到供应商的顺序，根据产品的生产过程，用图标画出物料流和信息流的每一个步骤，然后提出一系列问题，再画出一幅"未来状态图"。

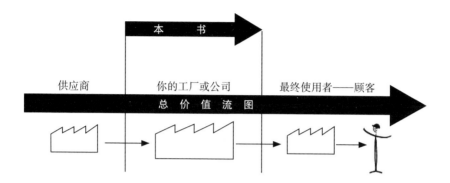

要想学会如何观察价值，特别是发现浪费的根源，最简单也是最有效的方法，就是不断地绘制价值流图。

为什么说价值流图是一个基本工具

- 它可以帮助你看到整个生产流程，而不是单个工序，如装配、点焊等。通过它，你可以看到产品的流动。
- 它不仅帮助你发现浪费，而且能帮助你找到价值流中浪费的源头。
- 它提供了一个生产线上通用的语言。
- 它帮助你更清楚地了解价值流的改善计划，以便和其他部门沟通。否则，许多操作上的细节将很难确定。
- 它将精益的技术和概念串联起来，成为一个计划，避免参与者仅选择个人想做的事。

- 它是制作实施计划的基础，帮助你设计"从门到门"的运作流程，成为实施精益的蓝图。如果不了解其重要性，就会像建房子没有蓝图一样！
- 它帮助你把信息流和物料流联系起来，迄今还没有其他工具能做到这一点。
- 价值流图能为你带来的价值远超过其他定量的工具（比如一般描绘生产作业的工厂布置图）。它包括非增值步骤、生产交付周期、移动距离、库存等数据。其实，价值流图是一个定性的工具，能帮助你了解如何使产品流动起来。一般情况下，数据可以帮你创造一种紧迫感，或用来作为改善前后的衡量依据，但价值流图能更进一步地帮助你列出如何落实改善的计划。

　　试着动手画价值流图，学会从精益生产的角度去观察工厂。请记住：光画图不会有实际的效果，它仅仅是一种方法，重要的是如何执行增值的流动。为了创造一个理想的流程，你需要有一个愿景。价值流图能帮助你了解现状，并注意其流动的情况，找出一个理想的、逐步改善的生产方式。

　　你并不需要立即画出工厂内所有的价值流图。为了获得实际的效益，你可以在现场先找出一条想要改善的生产线，绘制出该生产线上产品的价值流图。你如果要改善价值流，请先画出未来状态图；如果要设计一条新的生产线，请先画出未来状态图；如果考虑实施一个新的生产系统，请先画出未来状态图；如果想替换生产经理，请用价值流图来确保有效的工作交接，使改善计划能持续进行。

物料流和信息流

在生产流程中，除了物料流，还存有另一种流动，那就是信息流。

信息流是一个指令，告诉每道工序下一步该生产什么。物料流和信息流就像一个硬币的两面，必须将两者都包含在价值流图中。

在精益生产中，信息流应该和物料流一样重要。丰田及其供应商，可能与其他大批量生产的厂家一样，使用同样的基本工序，如冲压、点焊和装配。但丰田采用一种与其他企业不同的方法来安排生产。你可以问自己："为了生产下一道工序所需要的产品，信息应该怎样流动？"

为了创建一种增值的流动，你需要有一个"愿景"。价值流图有助于你观察流动，迈向一个理想状态，至少是一个改进的状态。

选择一个产品系列

在开始绘图之前，首先要弄清楚产品系列。顾客只对他想要的产品感兴趣，而不是你生产的所有产品。所以，你不必为车间每一个产品都绘制价值流图，除非你的工厂只生产一种产品。不然，在一幅图上画出所有产品的流动，实在太复杂了。价值流图包括"从门到门"的流程（物料流和信息流）。

从最接近顾客的下游工序来确定产品系列。产品系列是一组经过类似的生产过程并使用相同设备的不同产品。一般来说，不要从上游的工序来决定产品系列，因为上游的工序往往以批量形式生产，以供应不同的产品系列。要清楚地记录下选择的产品系列以及每个系列有多少种不同的产品、各产品的顾客需求量和订货的频率。

注意：

如果公司的产品组成相对复杂，你可以画一幅矩阵图，横排表示组装步骤和设备，纵列表示产品（见下图）。

		组装步骤和设备							
		1	2	3	4	5	6	7	8
产品	A	×	×	×		×	×		
	B	×	×	×	×	×	×		
	C	×	×	×		×	×	×	
	D		×	×	×			×	×
	E		×	×	×			×	×
	F	×		×		×	×	×	
	G	×		×		×	×	×	

A 产品系列

价值流经理

你可能已经注意到，跟踪一个产品系列的价值流，需要跨越好几个部门。但公司的组织往往按部门或职能来分，很少考虑到产品系列，因此你会惊讶地发现，整个公司竟没有一人负责整条价值流（大多数人专注于单个工序的改善）。当你访问一家工厂时，会发现很少有人能掌握整个生产流程的物料流和信息流（每一个过程以及生产规划）。如果没有这样一位负责人，价值流只能任由其自然发展。这意味着每个生产区域都从自身的角度去优化，看不到价值流的全面改善。

为了消除这种职能的"孤岛"，需要有一个人了解整个产品系列的价值流，并负责推动改善。我们称这个人为"价值流经理"（value-stream manager），他可以直接向现场的最高管理者汇报。这样的话他才有实权去推动改善。

谁负责价值流

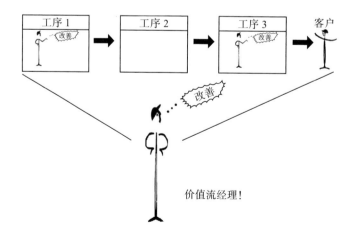

价值流经理的职责

- 向现场的最高管理者汇报。
- 能够领导跨职能部门进行改善的一线管理人员，而非一般的员工。
- 领导绘制现状图和未来状态图，并负责实施计划。
- 监督实施多方面的改善。
- 每周或每天都到现场检查价值流。
- 将改善列为最高优先项目。
- 维护并定期更新实施计划。
- 做一个实干、追求生产效益的人。

所有参与实施精益改善的人都需要了解价值流图，并能理解未来状态图。因此需要一位能以跨部门的视角看待整条价值流的价值流经理来领导绘图，同时实施改善，迈向未来状态。价值流改善的目的是加速流动，这同时是一种管理层的改善活动。

不要将绘制价值流图的任务分派给各个部门的经理，然后拼凑起来，这是一种错误的做法。同样，也不要只绘制单个部门的价值流图，而应该绘制产品系列的价值流图。

两种类型的改善

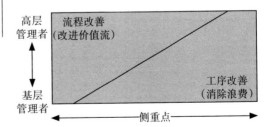

注意：

你的公司既需要流程改善（在整体

层面上改进价值流），又需要工序改善（在基层消除浪费），两者相辅相成。流程改善的重点在于全面的物料流和信息流，而工序改善的重点则在于人员效率和工作流程。

使用价值流图

　　价值流图可以作为一种沟通的工具、一种商业规划，或者一种管理改善的工具。价值流图实质上是一种语言，就像学习一种新的语言一样，最好的方法是不断练习，直到能熟练地使用。

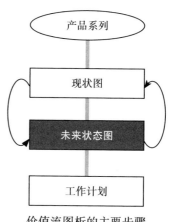

价值流图析的主要步骤

　　价值流图析按照右图的步骤来进行，其中非常重要的是"未来状态图"。其目标是设计并实施一条精益的价值流。没有未来状态图，现状图其实没有多大的意义。

　　第一步是收集工作现场的信息和数据，画出现状图，为未来状态图提供所需的数据。请注意现状图和未来状态图之间的箭头是双向的，这意味着现状和未来状态是相辅相成的。当你绘制现状图时，根据改善计划，未来状态图便自然形成了。当你绘制未来状态图时，可能会发现现状图中一些被忽略的重要信息。

　　最后一步是用写在纸上的工作计划，描述如何从现状转变为未来状态。在实现未来状态后，应当再绘制一幅新的未来状态图，这就形成了一个持续改善的循环。

价值流图的美妙在于，它不需要繁文缛节，也不需要使用 PPT。仅用几张纸绘画出现状图和未来状态图，制订改善计划，并予以实施，就可以改善运营状况。

注意：

绘制产品系列的价值流图不应该花太多的时间。大概 2 天之内，你就可以绘制出未来状态图。不要为一些细小的问题延误太多的时间，你可以在日后的实施过程中逐步调整，然后形成完善的未来状态图。

小　结

如何启动

* 选择一个产品系列。

* 指定一位负责人领导绘图工作。

* 以工厂"从门到门"为范围。

* 同时考虑物料流和信息流。

现　状　图

- 绘制现状图。

- 动手来做。

现 状 图

目的：通过绘制物料流和信息流，弄清当前的生产运作状态

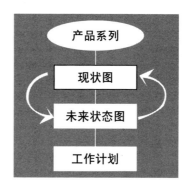

绘制现状图的技巧

要想画出未来状态图，必须分析当前的生产运作状态。在本章中，我们将通过"阿克米冲压公司"（以下简称阿克米公司）的例子来说明如何绘制现状图。绘图的范围是工厂里"从门到门"的制造流程，将工序按类型，如"装配"或"点焊"等画下来，而不是将每一道工序的步骤都画下来。

我们使用图标符号来表示不同的工序和移动，这些符号在本书后面有详细的说明。你也可以建立一些适用于你工厂的符号，但务必保持前后一致，让在实施精益过程中使用这些图标的人知道如何去解读。

一旦清楚整个生产流程，就可以将观察层面缩小到某一道工序，也可以扩大到工厂之外的价值流。

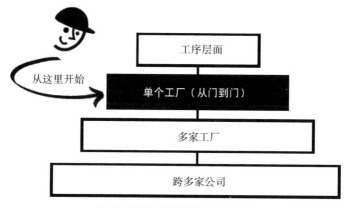

产品系列价值流图的各个层面

绘制价值流图的技巧

- 当你沿着物料流和信息流的路线观察时，不断地收集需要的信息。

- **首先沿着从门到门的整个价值流，快速地走上一圈，**了解整个流程和各个工序，然后回过头来，收集不同工序的数据。

- **应当由发货端开始，朝价值流的上游追溯，**而不是从收货端开始，朝下游推进。这样可以从最接近顾客的工序开始，要注意，下游工序决定上游工序的生产节拍。

- **带着秒表到现场去测时，不要依赖不是你亲自测量的标准工时或信息。**档案文件中的数据往往是在正常的情况下采集的，并不一定反映实际情况。例如本年度第一次换模时间为三分钟；或者是在公司开业的第一周、在没有特殊情况下收集的数据。未来状态图的成败取决于你在现场观察时对实际状况与数据的掌握（包括机器开机率、废品率、返工率及换模时间等）。

- 即便有好几个人一同参加价值流图的准备工作，你还是**应当独立作业，去绘制整个价值流图。**这样你才能掌握价值流图的全部，如果每个人负责一部分，那就没有一个人能了解整个价值流。

- 最后，**应坚持用铅笔手工绘图。**在工作现场进行现状分析时就开始画草图，然后清理、修正。最好能抵制使用计算机的诱惑。

用铅笔手工绘图

当你在现场的时候，手工绘图无须等待，可以减少不必要的耽搁。在绘图的时候，你会逐步发现需要的信息。

手工绘图要求你亲自动手，这是了解物料流和信息流的关键。

手工绘图意味着将注意力集中在价值流上，而不是操作计算机上。价值流图的关键不在绘图上，而在对信息流和物料流的掌握上。

在绘图过程中，若发现错误，可以立即进行修改，这样可以提高绘图能力。随时将橡皮放在旁边!

绘制现状图

请翻到本书附录 A，我们将使用这些图标来绘制阿克米公司的现状图。请准备一张白纸（11 英寸 ×17 英寸[⊖]——在中国、欧洲

⊖　1 英寸 = 2.54 厘米。

和日本称之为 A3 纸，它最适合绘图）和铅笔、橡皮，跟着我们一起动手画。

我们选择的产品系列是转向管柱支架，其功能是将转向管柱固定在轿车车身上。产品分两种型号：一种用于左侧驾驶的汽车，另一种用于右侧驾驶的汽车。这两种型号的产品在设计上几乎没有差别，所以这是一个比较简单的产品系列。

我们绘制的第一幅图，阿克米公司从门到门的流程，包括原材料供货（钢卷材）到发运产品给顾客（国家大道装配厂）。绘图从顾客开始。在图的右上角，用一个"工厂"图标来代表顾客装配厂，在图标下面用一个"数据箱"来记录顾客的需求。

工厂

数据箱

注意：

《精益思想》中强调，改善最重要的是从顾客的角度来确认产品的价值，否则你即便改善了价值流，也无法满足顾客的真正需求。所以，绘图要从顾客的需求开始。

国家大道装配厂采用两班工作，每月使用 18 400 件转向管柱支架，要求每天供货。具体来说，每月需要 12 000 件左侧支架和 6 400 件右侧支架。该厂要求用可重复使用的货盘来运输，每个货盘内放 20 件支架，一个平台板上最多放 10 个货盘。顾客订货时，以货盘为单位。所以该产品的"包装"以货盘为单位，也就是 20 件支架。每一个平台板上要么都放左侧支架，要么都放右侧支架。

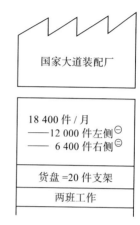

现状图的第一步：顾客栏

⊖⊖ 受限于篇幅，本书图中的"左侧"均指代"左侧支架"，"右侧"均指代"右侧支架"。

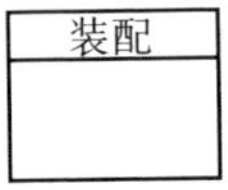

第二步是画出生产流程。我们用一个工序框来代表不同类型的工序，物料从一个工序框向另一个

```
装配
┌────────┐
│        │
│        │
└────────┘
```

工序框移动。如果每一道加工工序都画出来，将会使图变得庞大，难以处理。工序框表示物料流的一个站，在理想情况下，供需之间应该是一个连续的流程。流程不连续或材料中断时，物料流会自动停止。

例如，一条由几个连接的工位组成的装配线，即使其间有少量半成品库存，仍可以用一个工序框来表示。如果一道工序与下游工序不连接，中间有库存停滞、积压并最终被批量移动，那么就需要用两个工序框来表示这两道工序。

同样，如果一条加工线有 15 道工序（如钻孔、攻丝等），由一条传输带连接起来，即使设备之间有一些半成品，在价值流图中仍可以用一个工序框表示（日后如果需要一张详细的机加工车间图，可以用一个工序框代表一道工序）。当某些独立的工序与下游工序之间有停顿，或在制品以批量传递时，每一道工序应绘制成一个独立的工序框。

价值流图的下半部分也就是物料流，应按照工序从左向右绘制，而不是按照工厂的实际布局绘制。在阿克米公司，我们发现转向管柱支架的物料流有六道工序，按顺序分别为：

- 冲压。
- 点焊1。

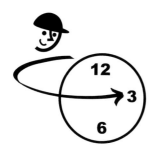

典型工序数据单

- C/T（周期时间）。
- C/O（换模时间）。
- 开机率（设备实际运行时间 与应工作时间的比率）。
- EPE（生产批次时间间 隔[⊖]）。
- 操作员数量。
- 产品种类数量。
- 包装数量。
- 可用工作时间（不含休 息时间等）。
- 不良品。

- 点焊2。
- 装配1。
- 装配2。
- 发运。

点焊和装配工位相对独立，从本书 后面的工厂布局图中，你可以发现产品 并不是从一道工序直接进入下一道工序 的。在制品存放在货盘中，以批量传 递。因此，每一个工位都用一个工序 框来表示，从左向右在图的下半部分 画出。

注意：

许多价值流与阿克米公司不同，有 的有多个流程分叉，然后交汇。对于这 种情况，可以学着用平行排列。开始 时，没有必要画出每一个支流。等画出 主干的流程后，以后有需要时，再添加 分支。

⊖ 原文为"production batch sizes"，意即产品批量大小。——译者注

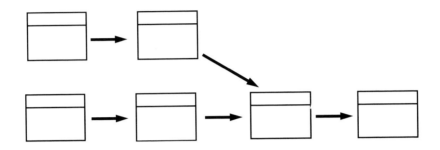

当你在车间沿物料流走一趟时，需要收集一些必要的、可以帮你绘制未来状态图的数据。所以在每个工序框下面，都有一个数据箱。在画过几次现状图后，你会慢慢地发现哪些是必要的信息。第21页左边是一些参考数据单。

在阿克米公司，每个数据箱会包含以下信息：**周期时间**（一件产品完成一道工序到下一件开始的时间，以秒计）；**换模时间**（从生产左侧支架转换到生产右侧支架的时间）；**操作员数量**（用操作员图标表示）；每班的**"可用工作时间"**（一天上班时间减去午休、开会和清理时间，以秒计）以及设备**"开机率"**。

在"冲压"数据箱有"EPE"，代表间隔多长时间生产一次，用来计算生产批量的大小。例如，生产某种零件，每三天换模一次，那么生产批量就等于三天的数量。注意，周期时间是完成一件产品到开始下一件产品的时间，而不仅是完成一件产品所需的生产时间。还要注意的是，在没有换模的情况下，可用工作时间除以周期时间，再乘以开机率，就是这个工位的目标产能。

注意：

我们建议在价值流图中，周期时间、节拍时间和可用工作时间以秒为单位。有人用分钟计时，其实没有必要，这反而会使计时变得复杂。价值流图应该是每个人都能掌握的简便工具。

3 150 件
2 天

当你沿着物料流向前走时，会发现一些库存。这很重要，因为它可以说明流动在何处中断。我们用一个"警告三角"图标来记录库存的位置和数量（如果两道工序之间有多个库存，那么每个库存的位置都要用一个三角形图标表示出来）。

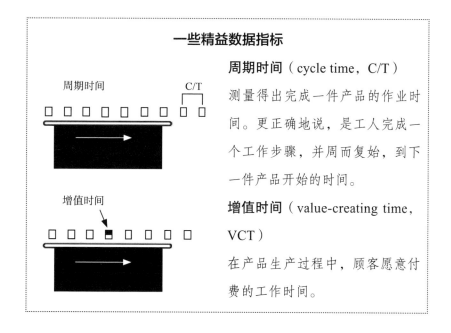

一些精益数据指标

周期时间 **周期时间**（cycle time，C/T）

C/T 测量得出完成一件产品的作业时间。更正确地说，是工人完成一个工作步骤，并周而复始，到下一件产品开始的时间。

增值时间 **增值时间**（value-creating time，VCT）

在产品生产过程中，顾客愿意付费的工作时间。

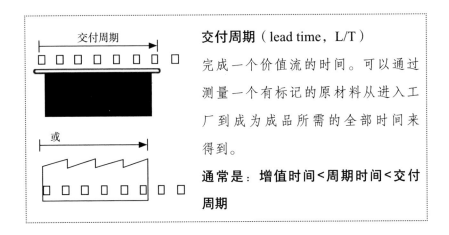

交付周期（lead time，L/T）

完成一个价值流的时间。可以通过测量一个有标记的原材料从进入工厂到成为成品所需的全部时间来得到。

通常是：增值时间<周期时间<交付周期

阿克米公司有原材料库存、成品库存和在制品库存。在三角图标的下面，以数量或时间为单位记录观察到的库存量。

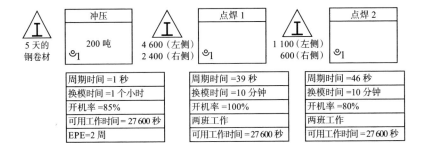

冲压	点焊 1	点焊 2
周期时间 =1 秒	周期时间 =39 秒	周期时间 =46 秒
换模时间 =1 个小时	换模时间 =10 分钟	换模时间 =10 分钟
开机率 =85%	开机率 =100%	开机率 =80%
可用工作时间 = 27 600 秒	两班工作	两班工作
EPE=2 周	可用工作时间 = 27 600 秒	可用工作时间 = 27 600 秒

现状图的第二步：工作步骤、
数据箱及库存三角

周期时间 =62 秒
换模时间 =0
开机率 =100%
两班工作
可用工作时间 =27 600 秒

周期时间 =40 秒
换模时间 =0
开机率 =100%
两班工作
可用工作时间 = 27 600 秒

阿克米公司在完成最后的装配工序后，将转向管柱支架放在货盘上，运送到库存区（三角图标）。随后根据发运计划，每天用货车运到顾客的装配工厂。**货车图标**和**粗箭头**表示将成品运往顾客（如果需要，可以用飞机或火车图标）。

在图的另一端，我们用另一个工厂图标代表钢卷材供应商。我们同样用货车和粗箭头表示材料从供应商运送到阿克米公司。钢卷材供应商收到阿克米公司的订单后，每周送货两次。我们在**数据箱**内，记录下每次送货的单位是一卷 500 英尺 $^{\ominus}$ 的钢卷材。换句话说，供应商不能送一卷少于 500 英尺的钢卷材。运到阿克米公司后，钢卷材存放到存储区，用库存的三角符号表示。

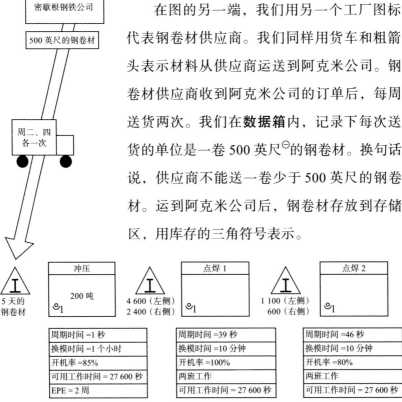

$\ominus$ 1 英尺 =30.48 厘米。

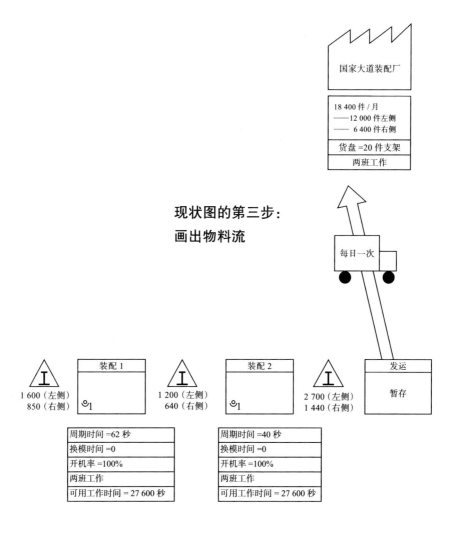

现状图的第三步：
画出物料流

注意：

不需要将产品系列的每个产品都画出来，只要画出一两种主要的原材料。如果有需要，可以在详细布局图中画出其他相关的采购件。

阿克米公司的各工序以及钢卷材供应商怎么知道什么时候该生产什么产品？生产多少量？因此，价值流图还需要另外一个流程，那就是**信息流**。我们首先要介绍一些不同的图标：一条**带箭头的直线**代表信息流；像闪电一样，**带箭头的折线**代表电子信息流。用**小方框**来标注不同信息流的数据。

信息流   电子信息流

信息流在价值流图的上半部，从右向左绘画。以阿克米公司为例，从国家大道装配厂往回画到阿克米公司生产控制部门，再从那里画到钢卷材供应商。注意用不同的线代表两条不同的信息流——预测和每日订单。

阿克米公司生产控制部门用一个**工序框**代表，有的公司用物料需求计划（materials requirements planning，MRP）系统来安排生产计划。阿克米公司生产控制部门从顾客和车间收集信息，并综合

处理后，向每道工序发出指令：生产什么？何时生产？生产控制部门也向运输部门发出当日送货的计划。

注意：

当你绘制价值流图时，可能会发现你公司的信息流比阿克米公司的例子复杂得多。在许多工厂里，管理人员根据库存来调整生产计划，这被称为"现场调度"，用一副眼镜的图标来表示。尽量将不规律的生产计划用同样的信息流和图标画在图

"现场调度"

中，以保持一致性。如果图看起来混乱，大概率是因为这是实际的情况！

当你弄清楚每一道工序怎么知道为顾客生产什么，以及何时生产时，你会有一个重要的发现。物料流是由生产者推动，而不是由顾客拉动的。"推动生产"顾名思义是将产品向前"推动"，是一种不考虑下游实际需要的生产方式。

推动生产的作业计划是基于对下道工序需求的预测。不幸的是，生产过程中往往有各种不可预期的变化，因此实际生产很少能与计划相吻合。当每道工序按照计划生产时，就会像一座座"孤岛"，与下游工序分割开来。每道工序都根据自身的特点，制定不同的生产批量及节拍时间，极少从整体价值流的角度来考虑生产计划。

在这种情况下，上游工序会制造出下游当前不需要的零件，然后堆积到仓库。这种大批量和推动式生产方式，使得生产流程无法连续。而连续流动正是精益生产追求的一个主要目标。

推动

推动的图标是一条有箭头的条纹线。在阿克米公司，只有运输部门与"顾客"有关联，所有其他部门都按照计划生产。从一道工序到下一道工序，可以用推动的图标来连接。

注意：

请注意一些号称"拉动"的物料流，实际上还是推动的方式（见第 51 页关于超市拉动系统的讨论）。要形成拉动生产，就**不能不用**看板，而生产的批量**必须**和看板上的批量一致。"现场调度"实质上并不是真正的拉动。

去看看

你可以从这个基本的架构上，看出价值流图的组成。主要由两条流程组成：一条是在下半部、从左到右的物料流，另一条是在上半部、从右到左的信息流。你也可以发现价值流图与工厂布局图的不同，前者从产品价值流和顾客的层面看全局，比工厂布局图简洁、清晰，让人更容易理解。

我们可以通过观察以及记载下来的数据，总结出价值流的现状。在工序框和库存三角下面画出一条**时间线**代表交付周期。它是指一件产品从原材料进货，通过生产车间，到交货给顾客的全程所需的时间。

时间线

注意：

交付周期越短，从支付原材料费用，到收回货款的时间就越短。较短的交付周期可以提高库存的周转次数，这种说法你或许更熟悉。

每个库存三角图标里的交付周期数据（以天计），可以用下列方法计算：库存量除以每天的顾客需求量。将物料流中各个工序的生产周期加上库存的天数，可以估计出生产线的交付周期。阿克米公司的交付周期是 23.6 天（当有多个上游工序支流时，采用最长支流的时间，来计算交付周期）。

现在将每道工序的增值时间加起来，并将其与整个交付周期相比较，你肯定会对结果感到震惊。阿克米公司制造一件产品的增值

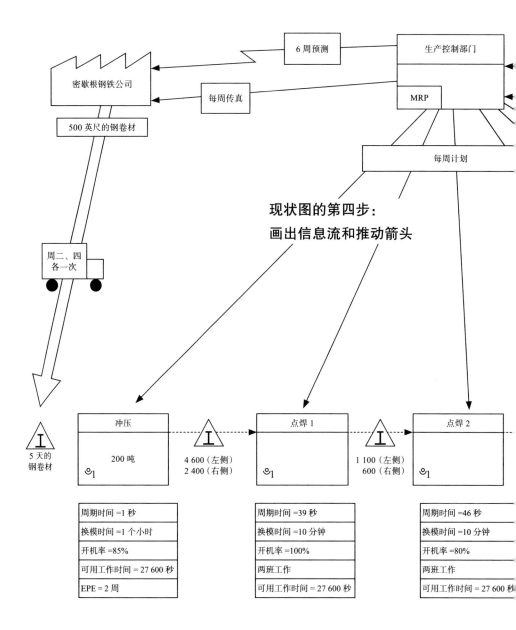

现状图的第四步：
画出信息流和推动箭头

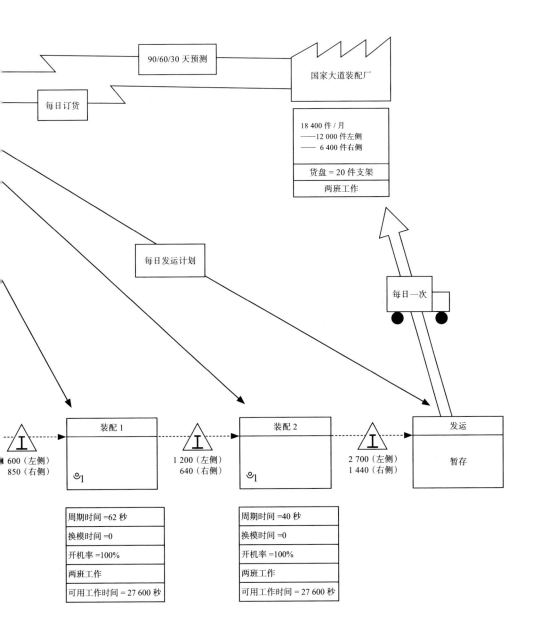

90/60/30 天预测

每日订货

国家大道装配厂

18 400 件 / 月
—— 12 000 件左侧
—— 6 400 件右侧

货盘 = 20 件支架

两班工作

每日发运计划

每日一次

装配 1

装配 2

发运

暂存

600（左侧）
850（右侧）

1 200（左侧）
640（右侧）

2 700（左侧）
1 440（右侧）

| 周期时间 =62 秒 |
| 换模时间 =0 |
| 开机率 =100% |
| 两班工作 |
| 可用工作时间 = 27 600 秒 |

| 周期时间 =40 秒 |
| 换模时间 =0 |
| 开机率 =100% |
| 两班工作 |
| 可用工作时间 = 27 600 秒 |

时间为 188 秒，但要花费 23.6 天才能出厂。

注意：

阿克米公司的交付周期和周期时间相同。不过在大多数情况下，产品的交付周期比周期时间长。你可以用下面的方法画出工序的交付周期和增值时间。

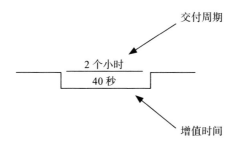

现状图的最后一步：
填上交付周期和增值时间数据

到目前为止你学习到什么

希望现在你对价值流有一个清楚的认识，并开始发现现场过量生产的情况。但是除非你能根据现状，绘制出一幅能消除浪费根源，并增加价值的"未来状态图"，否则绘制现状图将是一种浪费。我们将在下面的章节里继续介绍如何着手绘制"未来状态图"。

轮到你动手去画了

在我们开始"未来状态图"之前，多练习绘制"现状图"会给你带来很大的帮助。我们提供了"TWI公司"的现状数据。现在，请你拿出一张11英寸×17英寸的白纸，仔细画一幅TWI公司的现状图。然后，将你的图与附录B中的图进行比对（千万不要先看附录C）。

价值流的数据

TWI 公司

TWI 公司生产拖拉机的零部件。本例是转向臂产品系列，有多种不同的类型。TWI 公司的顾客包括拖拉机生产商及售后维修商。

转向臂"按订单生产"，产品类型多，顾客订单变动也相当大。根据当前的流程，接到订单后，TWI 公司需要 27 天时间才能出货。冗长的交付周期和大量的订单积压，导致 TWI 公司要求顾客提前 60 天下订单。但是，顾客往往无法准确估计订货的类型，所以在发运前两周总要修改订单。这些修改使得 TWI 车间无法按计划生产，有时要以加急件处理。

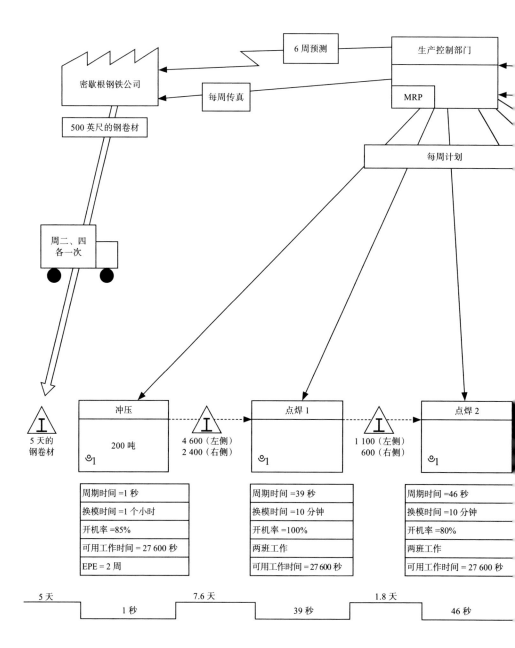

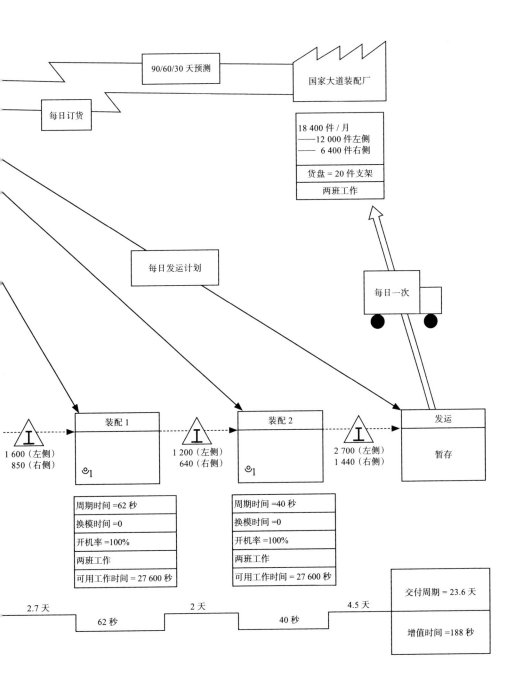

虽然生产控制部门按接到订单的先后，将订单依照顺序发送到车间，但车间为了减少换模时间而按产品类型大批量生产。这又增加了一些加急件生产订单。

产品

- 转向臂是一种金属杆，两端各焊一个锻件接头。
- TWI 公司的转向臂有 20 种不同长度、2 种外径和 3 种不同样式的端部接头（转向臂每端可以有不同的接头）。因此，TWI 公司总计提供 240 种不同类型的转向臂。

顾客需求

- 每月订货 24 000 件。
- 顾客订货数量从 25 件到 200 件不等，平均为 50 件。
- 纸箱包装，每箱最多装 5 件转向臂。
- 每天多次用货车发运给不同的顾客。
- 顾客对于不同产品类型的订单变化很大。
- TWI 公司要求顾客提前 60 天订货。
- 顾客经常在发货前两周调整订单。

生产工序（见下图）

- TWI 公司转向臂产品系列的工序包括：金属杆切割，将端部接头焊接到杆上，打磨（除去多余的焊料毛刺），在外协厂进行喷漆，端部接头装配。锻造的端部接头在 TWI 工厂加工。加工完的转向臂被放置在仓库中，按照顾客需求供货；生产不同长度的产品，需要 15 分钟的换模时间。

- 生产不同外径的产品，需要 1 个小时的换模时间。换模时间长主要是设置质量检验。
- 转换三种端部接头锻件，需要 2 个小时的换模时间。
- 密歇根钢铁公司提供钢材，交付周期为 16 周。每月运送两次。
- 端部接头锻件毛坯由印第安纳铸造厂提供，毛坯的交付周期为 12 周，每月运送两次。

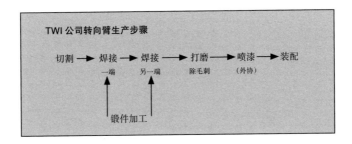

工作时间

- 每月 20 个工作日。
- 生产部门两班工作。
- 每班 8 个小时，必要时加班。
- 每班有两次各 15 分钟的中间休息，休息时工作暂停。午餐时间不计入工作时间。

TWI 公司生产控制部门

- 交货前 60 天收到顾客订单后输入 MRP 系统。
- 为每位顾客制定"车间生产任务"工作单，它将随着产品经过整个生产过程。
- 发货前 6 周，发布车间生产任务并进行金属杆和锻件采购。
- 向生产主管发布每日优先级清单，主管根据清单来安排车间生产任务。
- 在发运前 2 周接收顾客修改订单的信息并建议生产主管加急处理这些订单。
- 每日发布发运计划给运输部门。

工序信息

1. 切割（切割金属杆）

- 手工操作，一名操作员。
- 周期时间：15 秒。
- 换模时间：15 分钟（调整长度），1 个小时（调整外径）。
- 开机率：100%。
- 库存：

——20 天的未切割杆库存。

——5 天的已切割杆库存。

2. 焊接1（专门为这个产品系列服务）

- 将第一个经过加工的锻件焊接到金属杆上。
- 自动焊接工艺，加工时间不包含上下料时间。
- 周期时间：操作员作业 =10 秒，机器加工 =30 秒。
- 换模时间：15 分钟（调整长度），1 个小时（调整外径）。
- 开机率：90%。
- 库存：3 天已焊接的转向臂库存。

3. 焊接2（专门为这个产品系列服务）

- 将第二个经过加工的锻件焊接到金属杆上。
- 自动焊接工艺，加工时间不包括上下料时间。
- 周期时间：操作员作业 =10 秒，机器加工 =30 秒。
- 换模时间：15 分钟（调整长度），1 个小时（调整外径）。
- 开机率：80%。
- 库存：3 天已焊接的转向臂库存。

4. 打磨（专门为这个产品系列服务）

- 自动打磨工艺，加工时间不包括上下料时间。
- 周期时间：操作员作业 =10 秒，机器加工 =30 秒。
- 换模时间：15 分钟（调整长度），1 个小时（调整外径）。
- 开机率：100%。
- 库存：5 天已打磨的转向臂库存。

5. 喷漆（转向臂送到外协喷漆厂）

- 周期时间：2 天。

- 每天由一辆货车将转向臂送至外协喷漆厂，并取回喷好的产品。

- 库存：喷漆厂有 2 天的库存，TWI 有 6 天的库存。

6. 装配（专门为这个产品系列服务）

- 手工操作，6 名操作员。

- 周期时间：195 秒。

- 换模时间：换夹具 10 分钟。

- 开机率：100%。

- 库存：4 天的转向臂成品量。

7. 锻件加工（专门为这个产品系列服务）

- 自动加工工艺，配备有一名机器操作员。

- 周期时间：30 秒。

- 换模时间：2 个小时。

- 开机率：100%。

- 库存：

——20 天的毛坯锻件库存。

——4 天的已加工锻件库存。

8. 发运

- 将成品从仓库移出，装车运送给客户。

怎样使价值流"精益"

- 过量生产。
- 精益价值流的特征。

怎样使价值流"精益"

- 过量生产。
- 精益价值流的特征。

如何改善你们的价值流

设计未来状态价值流需要经验。但只要多做几次，你就能驾轻就熟！因此，最好有一位经验丰富的老师，为你提供指导与帮助。

然而，并非每个人都能找到一位好老师，而且有些人不一定想拜师。当大野耐一在第二次世界大战后，通过不懈的努力创建丰田生产方式时，并没有一位专家指导他如何面对挑战，并克服困难。实际上，亲自绘制未来状态图并付诸实施，就是一次非常宝贵的学习经历。虽然实施的方法不一定是最理想的，但只要持续改进，总有一天你的生产会顺畅流动起来的，换模时间和交付周期缩短，等接到订单后再开始生产。但在这之前，你可能需要一次又一次地修改未来状态图，每一次都会使工厂生产更精益、更接近理想状况。

但你并不需要从零开始，因为目前在制造领域中，已经累积了很多精益生产的经验。你可以将已有的原则、实践的经验和方法，应用于你的价值流的未来状态。

在教你如何绘制一张未来状态图（第 4 章）之前，本章会总结一些重要的精益原则，帮你起步。

过量生产

我们已经在阿克米公司的现状中，看到价值流中的各道工序就像一个个"孤岛"。这是大批量或推动式生产方式所留下的问题。

它们不管下游工序的实际需要，只是按照生产控制部门的计划制造产品。有些产品在没有实际需要的情况下被搬运、点数、储存等，这纯粹是浪费！如果这些产品有任何品质缺陷，质量问题将一直隐藏在这批库存中，直到下游工序使用时才会被发现。到那时，问题旷日已久，难以溯源。结果是生产的增值时间非常短，而产品经过工厂所花费的总时间却非常长。

许多精益改善活动都集中在减少"七种浪费"上，目的是要缩短从原材料到成品之间的交付周期。其实你需要做的，不仅是消除明显的浪费（当然意识到浪费是好的），你更需要消除浪费的根源，然后才能有效地实施精益生产。

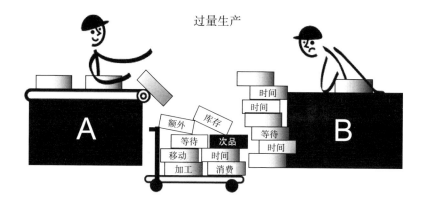

浪费最主要的根源是过量生产，也就是上游工序生产的产品比下一道工序所需要的要多，生产出来的时间也更早。过量生产不仅导致库存增多、占用资金，而且会造成其他类型的浪费。例如，需要仓库来存储；需要人员和设备来搬运和分类；如果质量有缺陷，

● 在精益生产中，我们努力要做的是使一道工序仅在下一道工序需要时才进行。将所有从最终顾客回溯到原材料的过程连起来，形成一个没有迂回的连续流。这样可以获得最短的交付周期、最高的质量和最低的成本。

更需要返工。过量生产也可能导致缺料，因为现有的人员和设备已经被用来生产不需要的产品，导致没有人员和设备去生产需要的产品了。因此，过量生产可能延长交付周期，削弱对于顾客需求波动的应变能力。

丰田的价值流观念是尽量避免过量生产，与大批量生产方式明显不同。大批量生产的思维是生产得越多、越快，成本就越低。但这只从传统会计的角度来看，仅计算了单件的直接成本，而忽略了其他相关成本及浪费。

精益价值流的特征

精益生产最重要的是在顾客或下一道工序需要的时候才生产。将生产流程中所有的工序，从最终顾客到原材料连起来，形成一个没有迂回的流程，达到最短交付周期、最高质量和最低成本的目的。

那么，如何在车间建立一个在下一

道工序需要时才生产的制度呢？很幸运，我们可以借鉴丰田的经验，参照以下准则。

节拍时间
使生产节拍与销售节拍步调一致

$$节拍时间 = \frac{每班可用工作时间}{每班顾客的需求量}$$

例如：$\frac{27\ 600\ 秒}{460\ 件} = 60\ 秒\ /\ 件$

准则 1：按照节拍时间生产

节拍时间（takt time）是基于顾客需求的生产节奏。节拍时间用每班可用工作时间（以秒计），除以顾客的需求量来计算。

节拍时间用来协调生产与销售的步调。节拍时间是一个参考数据，让你明白每一道生产工序应该遵守的速度，掌握现状，提出改进的方向。在未来状态图中，节拍时间标注在数据箱中。

按节拍时间生产说起来简单，但实施起来需要付出相当大的努力：

- 对意外问题做出快速的反应（在节拍时间内）。
- 消除意外故障的原因。

• 降低下游装配工序的换模时间。

注意：

对某些公司来说，如批发商、定制产品公司或者化工行业公司，需要创造性地去确定满足顾客的"批量单位"。一种方法是确定瓶颈工序在一个节拍时间（比如 10 分钟）内能完成的工作量。然后，将订单按这个批量生产。

准则 2：尽可能创建连续流

连续流是指每次生产一件产品，然后从一道工序传到下一道工序，中间没有停顿。连续流是效率最高的一种生产方式，你应当尽可能地采用这种方式。

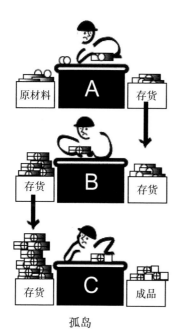

孤岛

你可以画一个工序框来代表连续流。一旦你将连续流的概念应用在未来状态中，现状图上两道或多道工序就可以组合在一起，放在一个工序框内。

有的时候你会特意限制连续流的范围，不希望太大，因为一旦所有的工序都连接成一个连续流，其交付周期将是所有工序周期和停顿时间的总和。一个渐近的方式是，综合连续流、拉动、先入先出（FIFO）等方法一起使用。等日后，工序操作稳定、换模时间缩短并研制出更小型的集成设备时，再扩大连续流的范围。

连续流

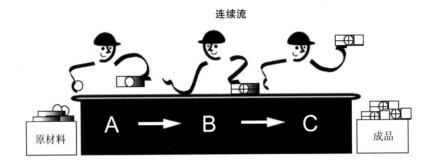

准则3：在连续流无法向上游扩展时，建立一个超市来控制生产

价值流中往往有一些工序不可能实施连续流，必须用批量方式。有几种可能的原因：

- 有些工序的周期时间过长或过短，或需要换模来生产不同的产品（例如冲压或注塑成型）。
- 有些工厂距离远，每次运输一小批不现实，例如外协加工的零件。
- 有些配件的生产周期长或生产不稳定，无法与其他工序相连形成一个连续流。

尽量避免依靠一个独立的生产控制部门来控制生产，因为这个方法依赖预测来估计下游的需要。取代的方法是连接下游工序，借助超市的拉动系统来控制生产。简而言之,你需要在连续流中设置一个拉动系统,让上游一些不易实现连续流生产的工序以批量模式生产。

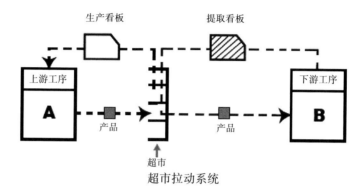

（1）下游工序：在需要的时候,到超市提取需要的产品。

（2）上游工序：生产并补充取走的产品。

（3）目的：以需求来拉动生产。

注意:

生产看板用来启动生产,提取货看板就像一份采购单,向管理员提取产品。

两道工序之间设置一个拉动系统的目的是,下达准确的生产指令给上游,而不是按照下游的预测需求安排上游的工作。拉动系统可以用来控制生产的流动,让下游工序按实际需要从超市取货,并拉动上游工序决定什么时候生产、生产多少。这套系统可以取代MRP系统下达生产指令到各个工位的传统生产方式。

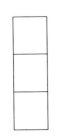

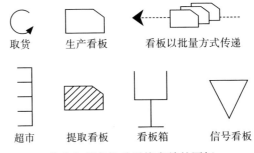

几个与超市拉动系统有关的图标

- 另一个与超市相似的图标，但两头闭合，代表"安全库存"，用于防止意外，如故障、停机；或者被用来表示"缓冲库存"，预防顾客突然下一个大订单。安全库存应是暂时的，仅在找到并消除问题的根源之前使用。为保证安全库存不成为永久的"拐杖"，应对它的使用制定严格的规定。通常情况下，高层管理者应在查看对根源问题的分析和相应对策之后，才批准使用。

超市的图标是左边开口，对应着上游工序。超市属于整个流程中的一环，确保满足下游工序的需求。它一般位于下游工序的附近，以帮助工人清楚地看到顾客的消耗量。搬运员来到上游的超市取走需要的货，提取生产看板，向上游工序发出生产指令。这是系统中唯一的生产拉动信号。

启动超市拉动系统之前，必须在可能的范围内，尽量建立连续流。除非有必要，否则工序之间不设置超市，以免增加不必要的库存与搬运。

注意：

当工序之间不能顺畅流动时，拉动系统是控制生产的一个有效方法。但在某些特殊情况下，超市并不适用，比如顾客定制的产品、保质期短的原材料或者很少用的昂贵零件等。

- 在这种情况下，你可以在两道不连续的工序之间，使用"先入先出"的方法来取代超市，保持两者间的流动。你

最多 20 件

———先入先出——➤

可以将这种先入先出的管道视为只能容纳一定量库存的运输通道。上游工序在管道的入口端，下游工序在出口端。如果先入先出管道满了，上游工序必须停止生产，直到下游工序提取产品。

举例来说，每天向外协电镀工厂送货一次。电镀工序每天只能处理 50 件，所以你可以建立一个容纳 50

◎

顺序拉动球

件镀件的先入先出管道。只要管道一满，上游工序就停止生产。虽然没有和电镀工厂相连接，也没有超市，但先入先出的方法可以防止过量生产。当管道溢满时，生产看板不再向上游工序下达生产指令（有人称之为 CONWIP）。

- 在某些情况下，两道工序之间或许可以设置一个"顺序拉动"系统（用"顺序拉动球"的图标表示）来取代储存各种零件的超市。顺序拉动意味着上游工序按顾客的订单量批量生产。当上游工序的周期时间能满足需求，而下游工序严格遵循"订单"的顺序生产时，这个方法可以有效地实施。有人称顺序拉动系统为"高尔夫球系统"，因为可以用彩色球沿着管道来传达生产指令。

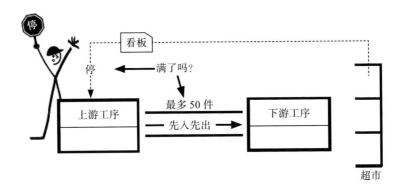

先入先出管道图例

准则 4：下达订单到一个点

如果使用超市拉动系统，一般情况下，只需要将生产计划下达到价值流中的一个点，这个点叫作**定拍工序**（pacemaker process）。这道工序能控制上游工序的节拍。例如，定拍工序的产量波动会影响上游工序的产出。你选择的控制点将决定价值流中哪些单元会是影响交付周期的主要部分。

请注意，定拍工序的下游工序中的产品会按照先入先出的方式移动，不用再设置超市来拉动。因此，定拍工序往往是价值流中最后一道连续流工序。在未来状态图中，定拍工序按顾客订单来控制生产流程。

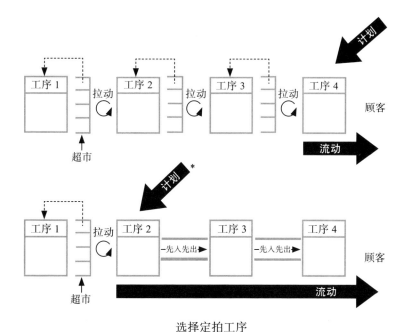

选择定拍工序

注：如果按顾客需求定制产品，定拍工序需要向上游移，如图中 * 处所示。

准则 5：在定拍工序均衡地安排生产多种产品

很多工厂认为安排生产同一种产品的时间越长，生产的效率就越高，因为可以避免换模，但这种生产方式将为价值流带来许多严重的问题。

集中生产同一种产品，将很难满足顾客产品多样化的需求。除非维持一个庞大的成品库存，否则就不能满足顾客的需求，或必须拖延订单交付周期。

大批量的装配生产需要大批量的零件，这会增加整个价值流上游的超市库存。特别是最终装配计划的临时改变，会导致对零件库存的成倍扩大。时间久了，为了确保不缺料，你会发现越到上游，库存量就越大。

均衡生产表示在一段时期内均衡地生产不同的产品。例如，传统的方式往往一上午都生产 A 产品，下午生产 B 产品。均衡生产则重复地以小批量轮流生产 A 产品和 B 产品。

如果在定拍工序实施均衡生产，你将有更大的能力，在小库存、短交付周期的条件下应对不同的顾客需求。这使得上游的超市库存减少。但要警惕的是，均衡生产可能会增加一些工作，例如较频繁地换模以及在生产线旁储存不同的零件，而得到的回报是消除价值流中大量的浪费。

均衡生产的图标见下方。

 均衡生产

准则 6：持续地向定拍工序下达小批量的生产指令

许多公司一次下达大批量的工作到车间，可能会引起以下问题：

- 没有节拍的概念，价值流无从响应"拉动"。
- 生产往往不均衡，有明显的高峰和低谷，容易造成机器、工人和超市的超额负荷。

- "工作是超前了，还是滞后了？"状况难以监控。

- 大量工作下达到车间，价值流中的每道工序都可能按各自的情况，调整生产顺序。这可能导致产品交付周期延长，导致不得不加快流程。

- 反应顾客需求变化的过程很复杂，这可以从现状图中的复杂的信息流看出来。

通过一个稳定、均衡的生产节拍，可以建立一个可预测的生产流程。其优势是容易发现问题，并促使你迅速解决问题。最容易的入门方法，是向定拍工序规律地下达定量的工作（相当于 5～60 分钟的工作量），并且同时取走等量的产品。我们称这个方法为"定拍取货"。

我们称这个稳定、持续的生产量为"**批量单位**"。其数量往往按包装的容量，即每个成品箱能容纳零件的数量来计算。例如，**节拍时间** =30 秒 / 件，**包装容量** =20 件，**批量单位时间** =10 分钟（30 秒 / 件 ×20 件 =10 分钟）。换句话说每 10 分钟：

（1）给定拍工序发出一个生产信号。

（2）取走一个批量单位的成品。

在此例中，批量单位时间是节拍时间乘以定拍工序包装箱的容量。用这个数量作为一个产品系列生产的基本单位。

- 你每次要下达的生产量是多少？

- 你了解到的生产运作情况能满足顾客的需求吗？

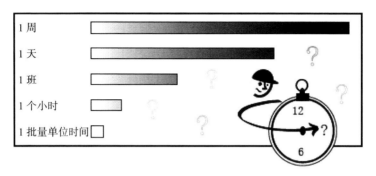

合理的监控时间

从另一个角度来看，批量单位时间也是一种管理的方法。你多久以后才发现顾客的需求是否达标？假如一次向车间下达一周的产量，那么，监控时间可能是"一周一次"。这种情况没有按节拍生产，因此没有"节拍的意义"！假如你按批量单位时间下达生产指令，并且定期检查，就可能对问题迅速地做出反应，并达成节拍生产。因此，我们建议小批量下达生产指令，小批量地转运物料。

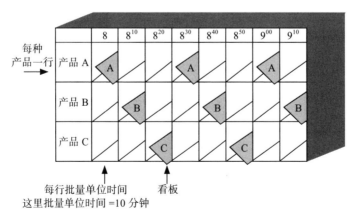

生产均衡柜：从左到右以批量单位安排生产看板

　　有很多种方法来实施"定拍取货"。有些公司使用生产均衡柜（load-leveling 或 heijunka）来帮助均衡生产多种类型的产品。均衡柜内有许多竖立的小格子，里面放置看板，每个小格代表一批量单位时间。不同行代表不同的产品类型。在这个系统中，看板不仅规定生产的量，而且规划生产的时间（基于节拍时间）。看板按不同类型产品的生产需求，将生产看板放置于均衡柜中。原材料搬运员按时间每次取走一张看板，并将它送往定拍工序。

　　均衡多类产品的图标与均衡生产的图标是一样的（见前述准则 5），因为精益生产的前提条件是产品的数量和品种同时遵循均衡生产的原则。

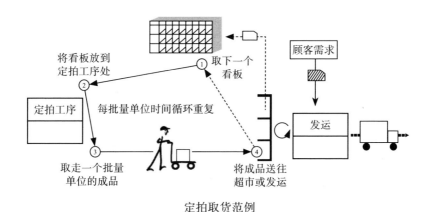

定拍取货范例

准则 7：在定拍工序的上游工序，建立"每天生产一种产品"的能力（希望能持续改善到每班、每小时、每批量单位时间或节拍时间生产不同的产品）

上游工序通过降低换模时间和实施小批量生产，对下游需求的变化做出快速的反应。同时，超市库存量也会大量减少。这既适用于单件制造行业，又适用于连续加工行业（如化工业）。

总的来说，我们在数据箱中应记下批量或"EPEx"。EPEx代表"每……生产各种不同的产品"，"每"之后为时间如周、班、小时、批量单位时间或节拍时间。这描述了需要多少时间进行换模以生产不同类型的产品。许多工厂开始时，对常用的产品将目标设为"每天生产一种产品"。

注意：

在制造业中，初期的生产批量可以依据换模时间来计算。

例如，如果一天有16个小时的可用工作时间，完成当日生产任务需14.5个小时，那么只有1.5个小时可用来换模。一般来说，换模的时间是可用工作时间的10%。在此例中，如果换模时间是15分钟，那么一天能进行6次换模。如果想要更频繁地进行小批量生产，那么必须降低换模时间或者提高设备的开机率。

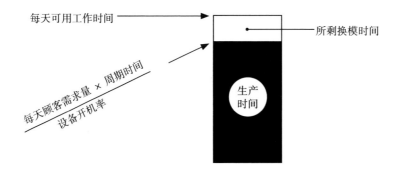

未来状态图

- 绘制未来状态图。
- 动手来做。

未来状态图

- 绘制未来状态图。

- 动手来做。

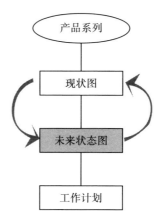

什么是未来状态图

　　未来状态图是消除浪费、实现精益的蓝图。在开始时，重点应放在短期内无须太大投资就可以启动的改善项目。最终目标是建立一条连续的生产流，让每一道工序都能连续。建立拉动系统与下游工序连接，以便在下游工序需要时，上游工序才生产其所需的产品。

　　价值流中的浪费可能来自产品设计、现有的设备，或者某些工序必须送到外协工厂进行等不同的因素。根据现状，有些问题很难在短时间内进行改善。因此，在绘制第一轮未来状态图时，可以暂时不考虑这些项目，而将重点放在找出其他浪费上。在接下来的几轮改善中，再仔细考虑有关的产品设计、重大生产工艺改变及厂址等问题。

　　我们发现，帮助大家绘制未来状态图最有效的方法是按照顺序回答以下问题，然后根据答案绘制出一幅未来状态图。

绘制未来状态图的关键问题

　　1. **节拍时间是什么？** 根据下游最接近顾客工位的可用工作时间来计算节拍时间。

　　2. **建立一个成品超市，还是直接发运？**（这个问题要考虑的因素，包括顾客的购买方

- 定拍工序的周期时间要尽可能地接近节拍时间。当节拍时间与周期时间有很大差距时，表示生产线上可能存在未预料到的设备故障问题。如果你用其他方法加快生产速度，使得周期时间短于节拍时间的话，那么消除这个浪费的原动力便消失了！如果你的周期时间比节拍时间短，那么你需要制订计划缩短两者之间的差距。

式、流程的可靠性以及产品的特征等。如果采用直接发运的方法，你需要一个可靠的、交付周期短以及能按照订单生产的价值流，否则你必须维持相当大的安全库存。幸运的是，按订单生产的交付周期，仅取决于定拍工序以后的作业时间。）

3. 哪里可以实施连续流？

4. 哪里可以应用**超市与拉动系统**来控制上游工序的生产？

5. 哪一个工位是生产链的定拍工序，可以用来下达生产计划？（请记住：定拍工序以下的工序应该是一个先入先出的移动。）

6. 如何在定拍工序里**均衡生产多种类型的产品**？

7. 在定拍工序里**生产与提取的批量**是多少？

8. 为了实现"流动"的未来状态，**必须进行哪些**

换模

> **设备与工艺方面的改善？**（比如缩短换模时间或者提高设备的
> 开机率等。可以用爆炸点的符号来表示价值流中的改善点。）

绘制未来状态图

当我们回顾阿克米公司转向管柱支架的现状图时，我们注意
到了什么问题呢？可能最引人注目的是大量库存、不连续的工序
（每道工序都按自己的计划生产）、推动式生产方式以及过长的交付
周期。针对这些问题，我们可以做些什么呢？可以用下列几个问题
来帮助我们找出答案。

问题 1：阿克米公司为产品系列选定的节拍时间是什么

节拍时间是用可用工作时间除以顾客需求量计算出来的。下面
的例子每班 8 个小时（28 800 秒），用它减去非工作时间，每班两
次 10 分钟的休息，得到可用的工作时间。然后再用这个时间除
以顾客需求的每班 460 件，得到每件 60 秒的节拍时间。

可用工作时间＝28 800 − 1 200＝27 600 秒

$$\frac{可用工作时间}{顾客需求量} = 27\ 600 \div 460$$

阿克米公司转向管柱支架节拍时间＝60 秒/件

节拍时间代表在可用工作时间内，为满足顾客需求，每 60 秒要生产一件支架。可用工作时间不含设备故障时间、换模时间或者生产废品的时间。阿克米公司的装配工序必须达到节拍时间的需要，而节拍时间是由顾客需求决定的，除非顾客改变需求，否则阿克米公司不能随意更改。

问题 2：阿克米公司应当建立成品超市，还是直接发运

阿克米公司生产的支架只有两个型号，并且是易于存储的。由于顾客需求的波动，阿克米公司无法确定生产的数量，因此在开始时，选择了建立成品超市。以后再经由精益的持续改善过渡到"直接发运"。

阿克米公司用顾客提前 30 天的产品需求预测来决定产能的需要（一家精益工厂，可以调整装配线上的操作员数量或重新分配工作来适应顾客需求的变化）。阿克米公司用从成品超市送回到上游点焊/装配部门的生产看板来控制生产。

由于顾客订购产品时，都以 20 件（一货盘）为单位，这是决定"看板单位"最简单的方法。成品超市里每一个装有 20 件左侧或右侧支架的货盘上，都有一张生产看板。当运输部门从成品超市取出货盘时，这些货盘上的看板将被送回到装配线。每一张看板告诉上游工序"下游工序刚刚用完 20 件左侧支架/右侧支架，请再生产 20 件"。

注意:

对于顾客定制的产品, 你很难建立一个成品超市 (见第 55 页顶部图)

例 4-1　发送到成品超市

用成品超市来控制装配线的生产速度 (阿克米公司的选择方案)

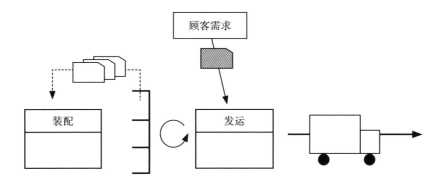

例 4-2   直接发运给顾客

生产控制部门管理生产计划

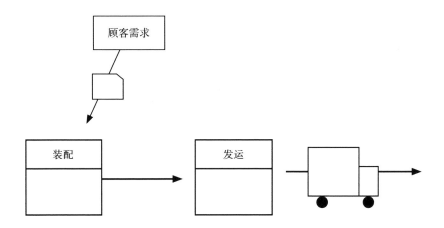

问题 3：阿克米公司应该在哪里实施连续流

第 69 页的图展示了当前状态下，阿克米公司每道工序的周期时间。冲压工序的周期时间非常短（每件 1 秒），但需要换模来生产不同的产品。因此，在冲压工序中引入连续流并不合理。这不仅会降低冲压设备的利用率，而且可能需要购买新的设备来满足其他系列的产品。所以冲压工序按批量生产更合理，可以用超市的拉动系统来控制生产。

再检查一下两道装配工序，其周期时间相差不多，并且与节拍时间很接近。这两道工序都只生产转向管柱支架的产品系列，因此可以建立一个连续流。两道点焊工序也类似，可以使用连续流将产品从一道工序传递到下一道。

有哪些理由可能阻止阿克米公司在点焊与装配工序上实施连续流呢？事实上，没有任何理由！精益生产方式可以将这四道工序排列在一起，以单元形式布局，让操作员直接将产品从一道工序传递到下一道工序。同时在重新分配工作时，一定要把每位操作员完成工作量所需的时间设计得低于节拍时间。

将点焊和装配的总工作量除以节拍时间（187 秒除以 60 秒）可以得出：按照生产节拍，在这个流程中需要 3.12 位操作员来完成点焊和装配工作。当前有 4 位操作员，显然有浪费，但仅仅重新分配工作量，并不能消除对第 4 位操作员的需求。

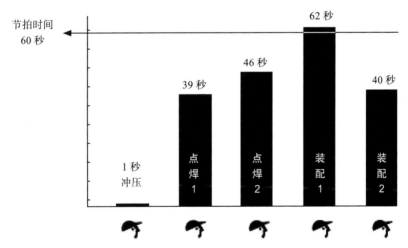

阿克米公司当前各工序的周期时间

　　另一个选择是通过工艺改善来消除浪费，使工作量降到节拍时间以下。目标是使每位操作员的工作量能减少到 55 秒（或总工作量 ≤ 165 秒）。如果这个方案行不通，那就可能需要适当地加班。无论用哪种方案，第 4 位操作员和在这些工位之间的原材料搬运员，都可以被安排到其他工作岗位上创造更多的价值。

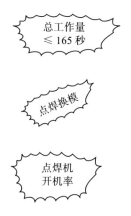

　　为了实现节拍时间以及均衡生产，在理想情况下，定拍工序的换模时间应该很短，甚至接近零。因此，应该努力将两种支架的点焊夹具的换模时间，由现在的 10 分钟改进到 1 分钟之内。此外，还应该注意提高点焊 2 所用的机器的开机率，例如加强点焊机的定期保养。

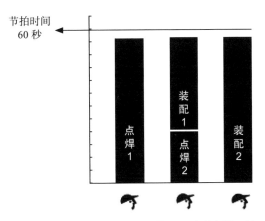

阿克米公司改善后的点焊与装配工序的周期时间

注意：

在未来状态图上，点焊与装配工序被组合到一个工序框中，以表示连续流。工序框里的简图表明了单元生产模式。

冲压

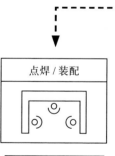

点焊 / 装配

节拍时间 =60 秒
周期时间 =55 秒
换模时间 =0
开机率 =100%
两班工作

未来状态图的第一步：
标出节拍时间、点焊 / 装配单元
和成品超市

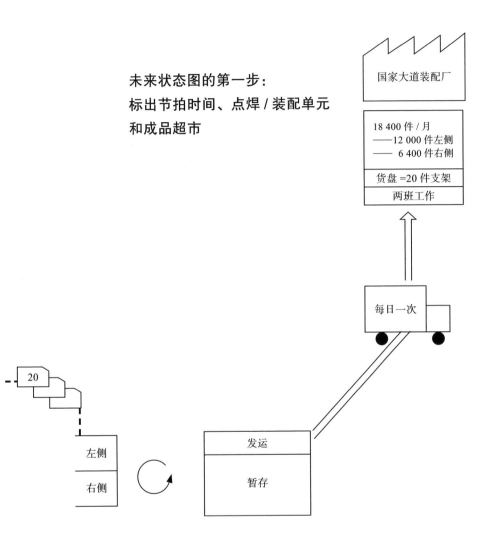

问题4：阿克米公司应该在哪里应用超市与拉动系统

阿克米公司决定采用成品超市来控制转向管柱支架的生产（见问题2）。此外，还有两种不同的超市——冲压件超市与钢卷材超市，它们一起组成了阿克米公司制造转向管柱支架的价值流。

（1）冲压件。

未来状态里最理想的是，在工厂的工序中添加一台"大小冲压件都适用"的冲压设备，专门用来生产转向管柱支架。但这个计划在短时间内无法实现，因为这个理想的冲压设备当前还不存在。阿克米公司决定先用一个超市来取代，用提取看板来拉动冲压部门对左侧、右侧支架的生产。

拉动系统基于下游工序的需求，在这里指的是点焊/装配单元。该单元目前每天需要将近600件左侧支架和320件右侧支架。装载冲压件的货箱，应该放在点焊/装配单元的操作员伸手就能拿到的地方。最好是一个塑料箱，放在靠重力自动下滑的给料架上，落下来的位置，就在操作员伸手可及的地方。这与一个仅考虑冲压或运输部门方便的大型货箱的做法完全不同。较小的货箱能在一个单元里同时存放左右不同的冲压件，进一步减少了定拍工序中点焊/装配的换模时间。定拍工序的频繁换模可以带动混合件的均衡生产，是一个关键的精益目标。

单元里的每一个货箱，比如一个能装60件支架冲压件（相当于一小时使用量）的容器，都应该有一个提取看板。操作工开始从一个货箱中取出冲压件时，先将货箱中的提取看板取出来，交给原材料搬运员，然后去冲压件超市，取一箱同一型号的冲压件，以为备用。

提取看板触发零件的流动，**生产看板**启动零件的生产。阿克米公司在超市里每一个装载 60 件的货箱上，都放置一个生产看板。每次搬运员从超市取走一个货箱，就必须将一个看板送回冲压部门。这个看板是给冲压部门生产 60 件的指令。生产完毕后，将冲压件装入货箱，运送到冲压件超市的指定位置。

现在，冲压部门不再需要从生产控制部门取得生产计划。生产流程用图标表示如下。

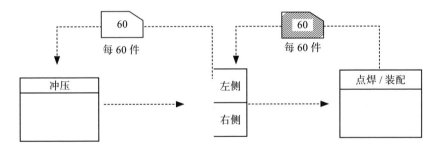

你可能注意到这个拉动系统有问题。每件冲压件的周期时间是 1 秒钟，但换模时间为 1 个小时，也就是每次换件需要 1 个小时换模，却只冲压了 60 件。因此，在换模时间大幅度减少前，提取一箱生产一箱的方法显然不切实际。

由于换模时间，冲压每次需要生产的批量大于 60 件。在"每天生产一种产品"的目标下，冲压部门的生产指标大约是 600 件左侧和 320 件右侧支架。即使如此，缩短换模时间还是必要的。冲压件超市应该保留 1.5 天的冲压件，额外的半天是为了以防万一，如不可预测的冲压设备问题。

从此，阿克米公司用看板来管理冲压部门的生产。在此例中，每当冲压件超市的冲压件降到触发（"最低"）点时，一个三角形的金属看板就会将生产计划从超市送到冲压部门。一旦看板到达冲压部门的计划板上，冲压部门即开始计划换模，并按预定的批量生产需要的冲压件。生产控制部门不再需要向冲压部门下达生产计划。

生产流程用图标表示如下。

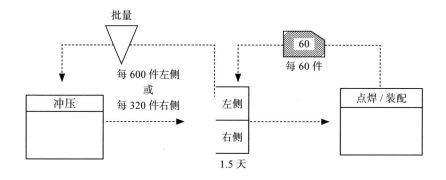

未来状态图表示冲压件超市、提取看板和生产看板的流程（虚线为看板流程）。

（2）钢卷材。

要想建立一个精益价值流，未来状态还需要在原材料接收处设置一个存放钢卷材的超市。即使钢卷材供应商不能按看板生产，阿克米公司仍可以将其作为内部的提取看板。每当一卷钢卷材用完，看板即被送回生产控制部门。然后，生产控制部门依钢卷材的实际用量订购钢卷材，不需要完全依赖 MRP 来管理需求量。MRP 可以作为钢卷材供应商计划产能的参考，但日常的订单应该基于拉动系统。

当生产控制部门向供应商订购钢卷材后，可以将相应的看板放到收货仓库的看板架中，看板上会显示钢卷材的到达日期。如果上一周的收货看板架上仍留有看板，则表明供应商出了问题。

目前钢卷材供应商每周向工厂发货一次。如果该供应商能像"送牛奶"那样，将几家同一条运输路线上的顾客连接起来，那么可以在不减少钢卷材批量的前提下，每天为工厂提供所需数量的产品——这被称为循环取货（milk run）。通过每天运输，阿克米公司可以减少 80% 的钢卷材库存，并且能平稳地提供订货单给供应商。

到目前为止我们的进展

到目前为止，我们提出了一个生产单元的改善方案。在过去几年中，很多公司陆续采纳了类似方法：用一个拉动系统，控制冲压生产和钢卷材运输。每天生产一次冲压件，同时帮助供应商用循环取货的方式每天供应钢卷材。通过以上改善措施，大量的浪费被消除了。

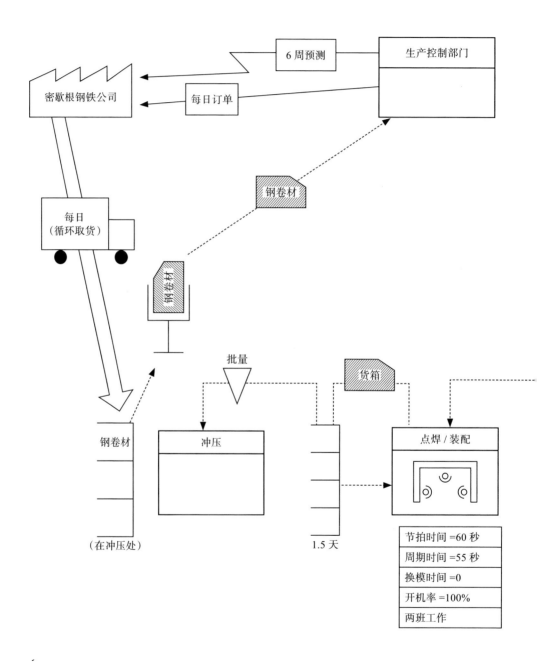

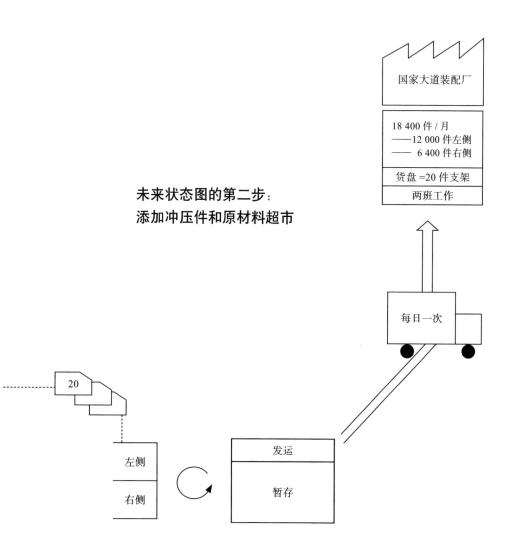

未来状态图的第二步：
添加冲压件和原材料超市

以上这些都是很大的进步，但是如果阿克米公司的信息流不从根本上改变，仍很难形成一个精益价值流。所以我们需要再回到顾客点，重新思考有关顾客需求的信息流。

阿克米公司的改善

	钢卷材库存	冲压件库存	点焊/装配在制品库存	成品库存	交付周期	年库存周转次数
以前	5天	7.6天	6.5天	4.5天	23.6天	10
现状	2天	1.5天	0	4.5天	8天	30

目前，顾客提前90天将预测订单传真给阿克米公司，每个月按市场实际需求修改预测订单，在发货前30天确认。另外，顾客会在发货的前一天晚上用EDI（electronic data interchange，电子数据交换系统）发送确定的数量给阿克米公司。顾客的物料部门偶尔还会因为紧急状况，比如突然发现装配线上的零件不够，而紧急用电话通知阿克米公司临时修改订货量。

当顾客的信息传到阿克米公司后，阿克米公司下一步需要做什么？在目前的情况下，下一周的生产计划在本周末输入MRP系统，下周一早晨将生产指令发往各个部门，包括冲压、点焊1、点焊2、装配1及装配2等。每晚当收到顾客更改订单的需求，或接到各部门当天实际产量与计划不符的报告时，立即将修正后的信息输入MRP系统，不断调整生产计划，以求产量与顾客的需求相符合。

这套程序听起来相当混乱，因为MRP系统无法有效地控制生

- 什么样的信息才能让每一道工序，只在下一道工序需要时才生产所需的产品？

- 多年以前，丰田发明了一种不同的方式来管理生产计划，停止原来猜测顾客需求的方法。取而代之的是一种缩短生产交付周期，并在不能建立连续流的工序之间建立超市，为每种产品保持合理库存的丰田生产方式。这种方式要求上游工序为了补足成品超市的不足而生产。因此，顾客订货的信息直接发给价值流的定拍工序，拉动生产或发给成品超市提货。以上的操作方式取代了传统式把信息输入MRP系统，然后再送往各生产部门的运作方式。

产现场操作。它不仅随时需要专人来管理这套系统，更改信息，以避免生产过程中的缺货，同时要接听顾客的紧急电话。这些改变搅乱了原定的生产计划，需要重新计算，并随时将新的数据传递给各生产部门。

问题 5：阿克米公司应该在哪一道工序下达生产计划

因为定拍工序以下的所有工序都依照先入先出的生产方法，因此阿克米公司的生产计划下达点应该是点焊/装配单元。我们不可能将生产计划下达给上游的冲压工序，因为在冲压和点焊/装配工序之间将建立一个拉动的超市。这个计划点将控制阿克米公司整个转向管柱支架价值流的生产流程。

问题 6：阿克米公司如何在定拍工序里均衡生产多种类型的产品

当阿克米公司每天向装配厂运输

时，每次需装 30 货盘左侧支架（600 件）和 16 货盘右侧支架
（320 件）。如果在装货前，将从成品超市中取出的 46 块生产看板
一起送回点焊／装配单元的话，可能会导致该单元以批量的方式生
产这些支架。也就是说，生产单元会先生产 30 货盘左侧支架，然
后换模，再生产其余的 16 货盘右侧支架。像下面这样安排：

第 1 班   第 2 班

左左左左左左左左左左左左左左左左左左左左左左左左左左左左左左
左右右右右右右右右右右右右右右右

从该单元的角度来说，这种生产方式看起来没有错，它使焊接
换模次数降到最低。但从价值流的角度来看，这并不是一种最有效
的生产方式。因为装配工序以批量的方式生产支架将产生许多问
题，比如：延长交付周期；增加冲压件库存，以备顾客需求的变化，
导致更长的交付周期；同时隐藏可能的质量问题。总体来说，这种
方式会导致与过量生产同样的浪费。

另一种方式是点焊／装配单元均衡生产左右侧支架。当左右侧
支架的换模时间缩短后，可以按照点焊／装配单元对左右侧支架的
需求进行拉动。这使得冲压件超市无须维持大量的库存，只需不断
补充下游工序从超市中提取零件后所造成的空缺。

按照均衡生产的方法，点焊／装配单元可以按照下列顺序生产
左右侧支架，但这个方法会导致较频繁的换模：

第 1 班   第 2 班

右左左右左左右左左右左左右左左右左左右左左右左左右左
左右左左右左左右左左右左左右左左右

注意:

　　频繁换模需要随时为操作员准备好备用的夹具以及相关的零件。但在装配线上放置不同的零件容易搞混,因此需要制定防错措施,以免误拿零件。

　　在这种情况下,价值流图的优点很明显。如果能在定拍工序下功夫建立均衡生产,虽然起初感觉与过去不同,但整个价值流会随之改善,逐渐缩短交付周期,提高质量,并降低成本。正如你想象的那样,在较长和较复杂的价值流中,这些好处将更明显。

　　生产看板作为拉动生产的指令,我们如何保证它们能按均衡生产的顺序,陆续被送回点焊 / 装配单元呢?在阿克米公司,有下列两种方法(假定生产均衡柜会被用来帮助平衡不同产品的生产、有节奏的提取和真正的拉动)。

　　(1)方案 A。在发货仓库附近放一个生产均衡柜,生产控制部门按顾客的需求把提取看板放在均衡柜中。物料运输员从均衡柜中取出这些看板,然后根据看板,将 20 件一货盘的支架,按顺序从成品超市运到发运区。

方案 A

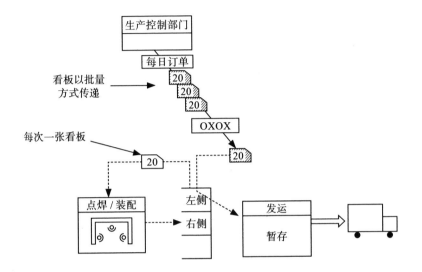

当每个装货的货盘从超市取出后，放在货盘里的生产看板被送到点焊 / 装配单元，其时间间隔与生产控制部门设定的批量单位匹配（阿克米公司的未来状态价值流就采用这种方法）。

（2）方案 B。生产控制部门将当天的顾客订单交给物料运输员，他会按所需的数量从超市中一次提取所有物料，然后逐步分发。这些货盘被移开后，会产生一堆生产看板，之后，这些看板会被放在一个靠近点焊 / 装配单元的生产均衡柜中。点焊 / 装配单元的物料运输员按照一定的时间间隔，每次从均衡柜中取出一张生产看板，按看板的指示混合生产左右侧支架。

方案 B 与方案 A 相比，其缺陷是一次将一大批产品运输到发运区中。精益生产的理念是尽可能减小批量，朝连续流的方向努力。如果有一天，阿克米公司成品超市降到一天以下的库存量，那时要一次提取一天的货则是不可能的。但方案 A 需要运输员频繁地送货取货，不仅需要从点焊 / 装配单元运送到成品超市，而且需要从成品超市运送到发运区。

方案 B

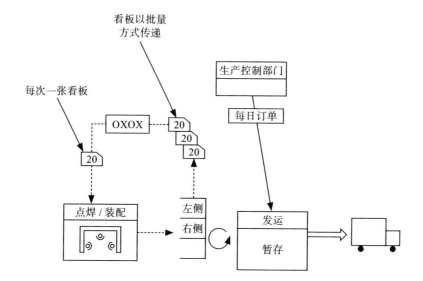

问题 7：阿克米公司下达给定拍工序的生产计划以及提取产品的时间与批量是多少

阿克米公司怎样才能使点焊 / 装配单元应用节拍生产的概念，其生产频率应该是多少？如果一次将两班工作的 46 张生产看板全部送回点焊 / 装配单元，这种做法一定不可能产生生产节拍，因此我们必须避免这种批量生产方式。阿克米公司点焊 / 装配单元的理

想频率是 20 分钟一次（60 秒的节拍时间 ×20 件 / 货盘）。这就是
转向管柱支架的批量单位时间，刚好与每张看板生产一货盘 20 件
支架相对应。

这是否意味着每隔 20 分钟，就得有人到点焊 / 装配单元去问：
"你们干得怎么样呢？"其实并不需要这样。阿克米公司可以尝试
在点焊 / 装配单元中实施节拍生产并提取成品，即每次用一张看板
来拉动生产并且提取成品。

在阿克米公司的生产均衡柜中，横向的每一格代表 20 分钟的
间距。上下两行分别代表左侧支架和右侧支架。每隔 20 分钟，一
个物料运输员将一张生产看板送往点焊 / 装配单元，并将刚完成的
一个货盘的支架运往成品发运区。如果在 20 分钟的间隔里一个货
盘的支架没有完成，那表示该单元出了问题，比如点焊设备出现故
障等，应该立即支援。

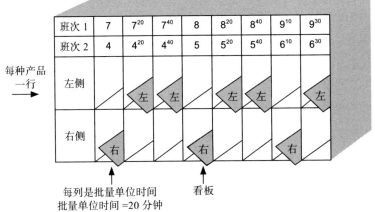

阿克米公司支架的生产均衡柜
点焊 / 装配单元从左到右取用看板

问题 8：为了实现"流动"的未来状态，必须进行哪些改善

阿克米公司要想改善其物料流和信息流以达到未来状态，需要采取以下行动：

- 冲压工序应缩短换模时间，减小批量单位，以期更快地反映下游的需求，目的是每天生产一种产品，进一步再到每班生产一种产品。

- 消除点焊工序左右侧支架换夹具的时间（10 分钟），将从点焊到装配的过程改为连续流，交互生产多种产品。

- 提高第二台点焊机的可靠性，将它和其他工序紧密连接起来。

- 消除点焊 / 装配单元的浪费，使总工作量降到 165 秒以下，把操作员的数量控制在 3 个。

我们在未来状态图上，用爆炸点的图标画出以上各项改善行动。

同时还需要不断加强冲压技术，减少工艺上的浪费，以期冲压的产能大于顾客的需求，其秘诀是减少换模时间。如此，就可以更加频繁地小批量生产，同时为工厂中其他系列的产品生产冲压件。

实际上，减少换模时间的方法已经相当成熟。将现有的 60 分钟降为 10 分钟不难。如此，每次只需要生产 300 件左侧支架和 160 件右侧支架（每班需要的量）。多余的时间可以为其他价值流提供冲压件。接着在下一班，再生产下一批次的左侧和右侧冲压件。

这样，可以每班生产一种零件。实施这个方法后，冲压与点焊／装配单元之间的库存将下降约 85%。

我们现在可以为阿克米公司绘制一幅未来状态图，包括信息流、物料流和改善工作计划（见第 90 ～ 91 页图）。

去看看！

问题 8 的重点提示：工艺层面的改善仅是整个价值流改善的一部分。现在几个小组可以分头进行不同的工艺改善，但大家对为什么这样做已经达成共识。

尽量用"拉动"的方式激励大家进行改善，与其"推动"一个小组去降低冲压工序的换模时间，不如提出更积极的目标："30 天内将生产批量降低到 300 件左侧支架和 160 件右侧支架。"这将为工艺改善创造一种紧迫感。同样地，与其"推动"一个小组降低点焊工序中换夹具的时间，不如设定"14 天内将点焊／装配工序改变为连续流"的目标。

结论

当我们比较阿克米公司的现状和未来状态的统计数据时，发现了令人振奋的结果。特别是通过点焊／装配单元的均衡生产以及每班生产一种零件的方法，阿克米公司进一步降低了超市中钢卷材和冲压件的库存。

通过缩短供货时间，阿克米公司成功地将成品库存降为 2 天的量（如果阿克米公司的顾客也采用均衡的方式来生产多类型的产品，那么成品库存还可以进一步降低）。

对比第 92 页表中的改善成果，可以发现均衡生产在连续流和拉动的基础上进一步帮助阿克米公司缩短了交付周期，库存周转次数因此提高了许多。

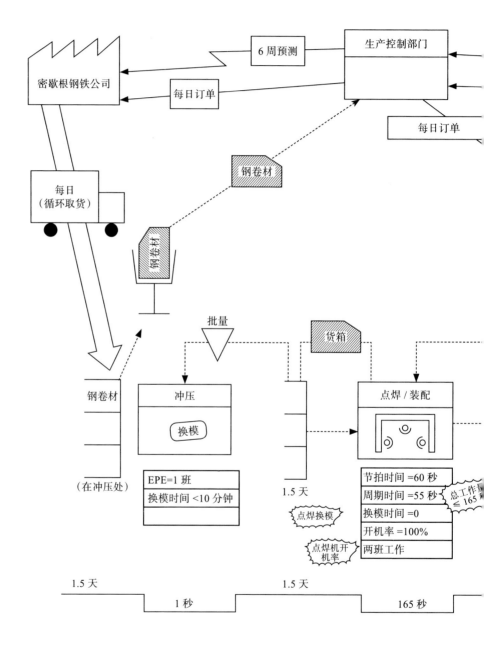

生产控制部门

6 周预测

每日订单

每日订单

密歇根钢铁公司

钢卷材

每日
（循环取货）

钢卷材

批量

货箱

钢卷材

（在冲压处）

冲压

换模

点焊 / 装配

EPE=1 班	
换模时间 <10 分钟	

节拍时间 =60 秒
周期时间 =55 秒
换模时间 =0
开机率 =100%
两班工作

总工作时间 ≤ 165 秒

点焊换模

点焊机开机率

1.5 天

1.5 天

1.5 天

1.5 天

1 秒

165 秒

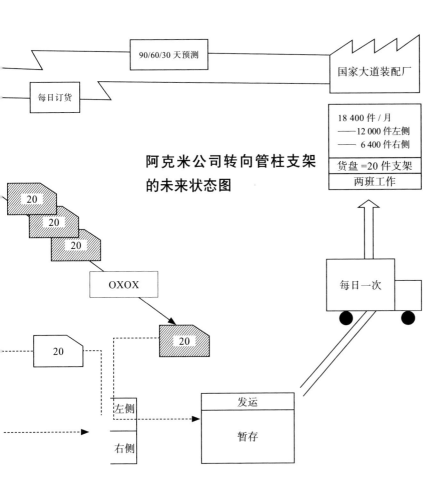

阿克米公司转向管柱支架
的未来状态图

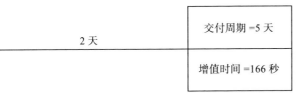

阿克米公司的改善

	钢卷材库存	冲压件库存	点焊/装配在制品库存	成品库存	交付周期	年库存周转次数
以前	5 天	7.6 天	6.5 天	4.5 天	23.6 天	10
连续流和拉动	2 天	1.5 天	0	4.5 天	8 天	30
均衡生产	1.5 天	1 天	0	2 天	5 天	48

轮到你动手去画图了

在你绘制你的未来状态图之前，希望你把握机会，多练习。请拿一张白纸，按照第 35 页的 TWI 公司的信息画一幅未来状态图。你可以将你的未来状态图与附录 C 相比较。

记住，价值流图无所谓对与错，主要的目的是帮助你消除浪费，因此请将本书讲述的绘制技巧作为参考。你可以进行适当的修改，以更符合实际需要。

实现未来状态

- 分步实施。
- 价值流计划。
- 价值流改善是管理层的责任。

实现未来状态

- 分步实施。
- 价值流计划。
- 价值流改善是管理层的责任。

如何实现未来状态

价值流图只是一个工具。除非能够逐步实施从价值流图中总结出来的各项改善计划，在短时间内有所进展，否则这张图意义不大。

《学习观察》最后一章的重点是如何制定、实施年度价值流计划，并为精益价值流提供实施指南。

> 实现未来状态的计划书是一份综合文件，包括以下各项：
>
> 1. 未来状态图。
> 2. 详细工序或布局图。
> 3. 年度价值流计划。

分步实施

价值流涵盖工厂"从门到门"的整个流程，而不限于某一个加工区。因此，很难在短时间内实现所有的未来状态，要做的事太多了！价值流经理应该考虑将整个实施计划分为几个步骤来完成。

实现未来状态相当关键的一点是，不要将改善价值流看成一系列独立的工艺改善，而应该视为把一个产品系列的流程连接起来的过程。为了完成这项任务，可以考虑采用"价值流环"。

根据以下描述和图示，可以将未来状态图划分为若干个环。

定拍环　包括从顾客到定拍工序的物料流和信息流。这是工厂

中最末端的一个环，能否成功地管理这个环，将影响到价值流中的
上游工序。

其他环 在定拍环的上游，还有由其他物料流和信息流组成
的环。比如，每一个拉动系统的成品超市一般都对应着一个环。

你可以在未来状态图中划分出这些环，以帮助你看清价值流的
各个组成部分。划分这些环就是将整个未来状态图划分成几个段
落，这实施起来比较容易。

阿克米公司的未来状态图可以划分为三个环：定拍环、冲压环
和供应商环。转向管柱支架的价值流经理可以将实施过程分为以下
步骤。

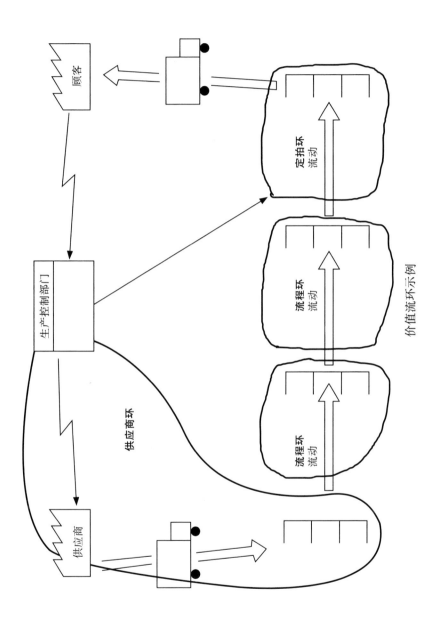

价值流环示例

阿克米公司未来状态的实施步骤

环 1：定拍环

目的：

- 在点焊／装配单元中创建连续流。

- 调整每个工位的工作内容，使得总工作量降到 165 秒以下。

- 消除或缩短点焊工位换夹具的时间。

- 将第 2 台点焊机的开机率提高到 100%。

- 建立成品超市作为拉动系统（消除传统的生产计划）。

- 制定超市和工位之间的物料运输路线。

目标：

- 超市中仅保留两天的成品库存。

- 各工位之间没有库存。

- 由 3 位操作员来操作生产单元。

环 2：冲压环

目的：

- 建立冲压件的成品超市作为拉动系统。

- 将冲压工序的生产批量降到 300 件左侧冲压件和 160 件右侧冲压件。

- 将冲压工序的换模时间降到 10 分钟以下。

目标：

- 超市中仅保留一天的库存。

- 生产批量为 300 件左侧冲压件和 160 件右侧冲压件。

环 3：供应商环

目的：

- 建立一个存放钢卷材的超市作为拉动系统。

- 每天运输钢卷材。

目标：

- 超市中仅保留 1.5 天的库存。

价值流计划

未来状态图就是工厂的发展方向，现在要拟订一个计划，包括：

- 一步一步详细地列出每个小计划完成的时间。

- 可衡量的目标。

- 明显的检查点，包括实施的期限以及指定的检查人。

在制订实施计划的过程中，第一个问题是："应该按照什么样的顺序实施？"或"应该从哪里开始？"。建议你从未来状态图的"环"里探寻答案。

你可以按照下列思路选择一个起始点：

- 哪道工序最符合标准作业？

- 哪道工序成功的可能性最大，最容易建立起一个示范点？

- 哪道工序可以产生最大的效益？但请注意，目标大可能问题也多，不容易很快地看到成效。

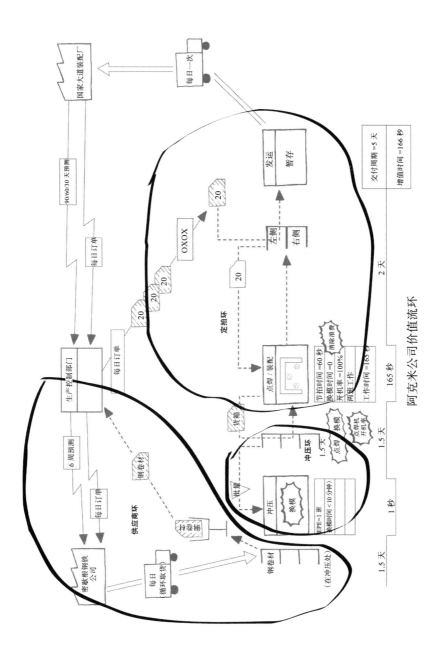

阿克米公司价值流环

如果已经在未来状态图上划分好几个环，可以依据实施计划中的排序编号（最好用铅笔，因为容易更正）。一个有效的策略是从下游的定拍环开始，然后再逐步向上游移动。作为接近顾客的一环，"定拍工序"可以起到内部"顾客"的作用，控制上游其他工序的生产。当定拍环的流动畅通且稳定了，上游的许多问题就会浮现出来。"向上游移动"并不抵触在一个与之不同的环里同步实施改善。例如，在降低批量，拉动上游流程环的同时，也可以在下游的定拍环实施连续流，并引入均衡生产。

在价值流环中改善价值流的步骤，通常与第 64 页列出的关键问题相呼应。

在一个环实施改善，通常按照下列顺序进行：

（1）建立一个符合节拍的连续流。

（2）建立一个拉动系统来控制生产。

（3）引入均衡生产。

（4）持续改善，不断消除浪费，减小批量，降低超市库存，扩大连续流的范围。

很自然，不同企业实施的顺序可能因情况而不同。有时步骤之间并不容易划分清楚。即使这样，这些顺序仍然可以作为参考，因为目标往往是一致的。

为什么我们选择上列的顺序呢？首先，建立连续流将对消除浪费和缩短交付周期起到最大的效果，这也是最容易实现的一步。（如果能建立连续流，就不需要再建立拉动系统，两者是相通的。）

要想实施连续流，我们一定要消除过量生产。要做到这一步，需要把工作标准化，按节拍生产，还需要建立一个拉动系统来下达生产计划（按照顾客的需求，在定拍工序拉动生产）。最后，需要实施均衡生产以建立一条在任何时间都能生产多种产品的精益连续流。如果不实施均衡生产，就表示仍然沿用批量生产方式。即使只生产一种产品，你也需要均衡每天的产量以减少波动。

最后还有一个重要的问题：为了实现"流动"的未来状态，还需要实施哪些改善呢？我们知道答案是：连续流、拉动系统和均衡生产。但实施起来需要很多的准备工作。比如，要想实施均衡生产，必须能快速地换模；要想在点焊／装配单元按照节拍时间有效地运作，需要一次就合格的生产工艺，以及机器可靠的正常运转；要么你就必须改进订货流程。

哪个步骤应该放在第一位呢？工艺改善、连续流、拉动系统还是均衡生产？在某种程度上这些都需要同步进行，但我们发现从连续流入手最合适，因为它可以带动工艺之间的改善，否则你的努力将仅局限于某个工艺的改善。注意，不要把企业停留在某个工艺的改善上。

一旦实施顺序确定了，价值流经理需要将这些步骤纳入价值流计划。阿克米公司的价值流计划可见下页。如果你已经对战略部署有经验，那么你对这个格式应该不会陌生。

正如想象的那样，价值流计划实施的关键，是将之纳入企业的年度预算。公司可以制定一个规则，没有价值流计划，任何预算都不会得到批准。这对申请方与批准方都比较容易操作，当大家明白了这个规则后，价值流图就会起到"沟通交流"的作用。

你可以把价值流计划的实施情况作为每季度或每个月绩效考核的依据。告诉员工"每个月交一份未来状态图的进展情况"。下页提供了一个价值流评价的格式。价值流经理应该诚实地评价每一个实施步骤是否达成并记录。成功记为（○），滞后记为（△），不成功记为（×）。

有效评价的关键在于如何"处理例外"。换句话说，评价不要优先关注成功的项目，而应重点关注滞后或不成功的项目。对每一个滞后的项目，总经理应该主动地询问价值流经理"你需要什么帮助，才能使该项目跟上来？"。然后，大家才能提供需要的支持。

价值流图其实是根据"有计划的试错法"来进行的，结合了"试错法"和"计划"这两个听上去相互抵触的方法。"试错法"指的是"从错误中学习"，接受不可能按照计划进行的事实，"计划"则不允许试试看的做法。我们寻求的是，既能按照计划审查进度，又能接受持续改善的中庸之道。当执行偏离计划时，必须追踪到底，不断尝试，找出新的解决方案。这种自我要求是完成改善的一个先决条件。

你可能同意，也可能不同意将价值流评价纳入员工的绩效考核。将其纳入考核有下列两个优点：①它是一个衡量绩效的客观工具；②它是一个将改善与员工考核，乃至与个人薪资挂钩的有效方法。可能的缺点是：一旦与薪资挂钩，目标的设定往往会变得进取

日期:	2013 年 1 月 2 日
车间经理:	史密斯
价值流经理:	保罗

年度价

产品系列 业务指标	价值 流环	价值流目的	目标（可衡量）	1	2	3	4
提高转向管柱 支架的效益	1 定拍	• 在点焊 / 装配单元中创 建连续流 • 周期时间改进到 165 秒 • 消除提高点焊换夹具的 时间 • 提高点焊 2 的开机率 • 建立拉动式成品超市 • 制定物料运输路线	零在制品库存 周期时间≤ 165 秒 换模时间＜ 30 秒 开机率 =100% 2 天成品库存 拉动计划				
	2 冲压	• 冲压拉动 • 缩短换模时间	1 天库存 + 拉动计划 批量 =300 件左侧支 架 +160 件右侧支架 换模时间＜ 10 分钟				
	3 供应商	• 使用日运输计划实现钢 卷材的拉动	每日运输 钢卷材库存≤ 1.5 天				

签名

车间经理	工会	工程	维修

值流计划

2003 年月度计划								负责人	相关人员和部门	评价计划	
5	6	7	8	9	10	11	12			评价人	日期

产品系列：＿侧支架

心不足，或评价手段趋于模糊。

另一个建议是：价值流评价必须在现场进行，沿着价值流边走边看。

价值流改善是管理层的责任

正如前面所介绍的，价值流改善是管理层的责任。这项工作主要是观察，并理出一幅未来的精益蓝图，由管理层亲自领导实施，不要委任他人。你可以要求一线工人消除浪费，但只有最高管理层才能看到跨部门的整体价值流。根据我们过去 15 年与不同企业合作的经验，特别提醒你需要注意以下几点：

- 努力消除过量生产，你会因此改善流动。

- 相信你的工厂可以成功地实施精益生产，并愿意尝试，接受失败和教训。

  你可能没有听说过大野耐一先生在丰田创立之初是怎样通过反复实验，最终才消除过量生产的故事。在改善传统的大批量生产的过程中会发生很多错误。每当你改善成功一步，结果一定会更接近目标，并加深你对精益的理解。不断尝试是实施精益的唯一途径。能持之以恒，并勇于消除障碍的人，一定会成功。

- 管理层要下功夫学习精益思想，直到可以教导别人。不仅在

产品系列 业务指标	价值 流环	目的和可衡 量的目标	进展情况	评价	剩余问题	有关下一年度目标的想法

价值流评价

签　名

日期：
车间经理：
价值流经理：

○ = 成功　　△ = 滞后　　✕ = 不成功

产品系列

教室，而且要常到工作现场与员工交流。

从首席执行官到车间主管的各层管理者，无论讲话和行动都
应该推动精益价值流。只是通过每周例会的几分钟讲话，很
难获得期待的结果。精益改善必须成为日常工作的一部分，
要鼓励大家将价值流图画出来，作为部门间沟通交流的共同
语言。

- 要找出一个方法激励员工主动追随你，而不是被动地等你发
  号施令。开始时，把努力集中在几个特定的目标上，比如使
  用价值流图来管理企业。

  你可能听说过战略部署，目标是将改善计划纳入企业的战略
  管理。除了邀请一线员工直接参与改善外，也邀请他们加入
  战略的规划。随着精益组织的成熟，你将发现只有部门之间
  紧密地沟通、互动，而不仅靠由上到下的单向指令，才能达
  成战略部署。

- "与生产紧密连接的团队"不是"自我中心的团队"。这指
  的是：①所有"非直接生产"的部门都为"直接生产"提供
  服务；②生产部门的各项工作（生产管理、监督、领导团队、
  物流、维修和解决问题等）都要与节拍时间一致。

  一旦我们要求工人按节拍时间生产，就必须在节拍时间的框
  架里为工人提供必要的支持。例如：维修部门等是否能及时
  解决设备故障的问题？如果回答是"不"，那么企业还没准
  备好按节拍时间生产。

当你走过一条生产线时，随手拿起一个产品，然后问一个简单的问题："谁负责这个产品的成本、质量和运输？"得到的答案将令你惊讶。

一般的回答是："物料运输部负责运输物料：冲压经理负责冲压生产；点焊经理负责点焊生产工艺；生产控制部门负责制订生产计划；质量部负责产品质量缺陷……"

因此，每个人都负责一部分，却没有一个人对顾客负责。

- 将重心从职能部门转移到生产团队。
- "价值流经理"的责任是使管理者和员工都按程序做事，不仅在生产部门，而且应该扩展到其他职能部门。他不仅需要对成本、质量和交货负责，同时也要督导绘制未来状态图，并负责实施。
- 精益生产专家可以帮助价值流经理发现浪费，并引入适当的方法消除浪费的根源。

刚开始时，大多数价值流经理和团队成员需要技术层面的支援，比如正确地认识并改善连续流，实施快速换模，引入拉动系统，平衡生产计划等。但专家应该扮演教练的角色，而不是实施者。他们的职责十分明确，就是尽快将精益生产的经验传授给价值流经理及其团队。

精益团队必须在现场领头改革，动手解决问题，同时顾及企业和顾客的需要。其服务对象不仅是生产部门，而且应该包括其他职能部门。

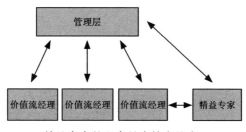

精益专家的职责是支持实施者，
并向管理层汇报

注意：

学习精益生产的唯一方法，就是亲自动手。绝大多数经理都知道这是正确的，但不幸的是许多经理还是雇用咨询专家解决当前的问题，而很少亲自参与。因此，下一次遇到问题时还是无法靠自己解决，始终要依赖咨询专家。要真正实施精益，就要学会停止依赖他人，自己动手。

- 一套考核绩效的新方法，就是将焦点放在交付周期、厂房空间、工作效率、缺陷和不准时交付等方面，不要盲目地追求资产利用率、成本回收等传统的财务指标。一套合理的考核指标必须能反映实施精益生产的效果。不幸的是，传统的财务指标对精益价值流没有起到激励的作用——精益生产的重点是改善流动，而传统的设备利用率、劳动力和成本评估等，都与价值流的方法背道而驰。

更不幸的是，大多数从事精益的同行无权做出改变传统财务指标的决定（库存就是一个最好的例子）。虽然有些指标不利于实施精益生产，但为了企业的成长，我们应该坚定实施精益生产的决心。

精益生产的成功有赖于下列几个重要原则

原则1：加强员工解决问题的能力。

原则2：为高层经理的决策提供有价值的信息。

原则3：原则1应优先于原则2。

一个适用于任何精益工厂的指标：定拍工序每天是否按顾客需求在节拍时间内完成工作？

结论

显然，"从现状转变到未来状态"的循环是没有止境的，这是每家企业每天工作的重心。无论产品是实物、服务，还是两者的结合，都为顾客提供了解决问题的方案。当你消除了一轮浪费的根源之后，你会发现那只是冰山一角，还有更多的浪费在等着你消除。精益领导者的责任是将改善的循环一直持续下去。

本书的重点在于教你绘制精益价值流图，这是学习精益的入门课程。为了提高竞争力，一条价值流需要缩短交付周期，降低成本，提高质量，并提高准时交付率等，而不是去满足某个职能部门或者某个人的需要。

当然，当工艺改善到某个程度时，一定会牵涉人的因素。比如，工人与管理层的合作关系可能阻碍工作进展；传统的职能分工与精益的价值流运作也存在一些矛盾；传统的成本会计与绩效考核方法偏向大批量生产等。

精益价值流基于对人的尊敬，但并不代表"遵从传统"。建立精益价值流是一项相当艰苦的工作，经常会进两步退一步。价值流将浪费暴露出来，因此许多职能部门的员工必须改变做事的习惯。我们相信，不管是管理层还是普通员工，每个人在建立精益价值流的过程中都扮演着重要的角色。每个人都能从中获益，这些获益来自很多方面：增强公司竞争力，改善工作环境，建立管理层与普通员工之间的相互信任，在为顾客服务中获得一种成就感。

凡是有顾客、有产品的地方就有价值流，挑战是如何去认识价值流。价值流图可以应用到整个业务的各个层面，从原材料到顾客。本书不能为你提供每一种价值流的范例，但是我们希望本书能够开拓你的思路，并将精益价值流引入你所在的行业。

向精益迈进！

附录 A 价值流图标

现状图和未来状态图的图标共分三类：物料流、信息流和通用图标。

表 A-1

物料流图标	含 义	注 释
装配	工序	所有工序都必须标示出来。该图标同时也用来表示部门，如生产控制部门
XYZ公司	其他公司	用来表示顾客、供应商或外部生产商
周期时间 =45 秒 换模时间 =30 分钟 3 班 2% 废品率	数据箱	用于记录每个生产过程、部门及顾客的相关信息
工 一天 300 件	库存	需注明数量和时间
周一 + 周三	货车运输	注明运输频率
	推动式的物料流动	物料在下游工序需要之前就被移动到指定的位置。通常发生在传统的计划生产方式中
	成品向顾客移动	
	超市	一个定量的零件仓库，大多位于价值流的上游，用来控制上游的生产
	取货	物料的拉动，通常用于成品超市
最多20件 先入先出	"先入先出"顺序流	一个控制物料批量，并管理先入先出的机制。必须注明最大批量

表 A-2

信息流图标	含　义	注　释
←	信息流	如生产计划或发送计划
←╱	电子信息流	如通过电子数据交换信息
每周计划	信息	描述一个信息流
⌐20¬	生产看板 （虚线表示看板路径）	每个看板对应一个容器，用来指示生产的种类和数量
▨	取货看板	用来要求搬运员领取或转移零件的看板（如从成品超市到原材料消耗点）
▽	信号看板	一个看板对应一个批次。信号代表需要生产下一批次的产品了。最常用于需要换模的批量生产单位
◎	顺序拉动球	下达"立即生产指定型号和数量产品"的指令，用在组装线上的拉动系统，以取代超市库存
⊻	看板箱	收集看板的地方，等候搬运员来领取
◄┄▤┄	看板以批量方式传递	
OXOX	均衡生产	将一批看板按均衡方式重新安排生产次序
𝟞𝟞	"现场调度"	根据库存人工调节生产计划

表 A-3

通用图标	含 义	注 释
点焊换模　　点焊机开机率	改善	显示工序改善的机会，这对实现价值流愿景有关键作用。可以用来拟订改善计划
	缓冲库存或安全库存	必须注明"缓冲库存"或"安全库存"
	操作员	以俯视角度表示操作员

附录 B TWI

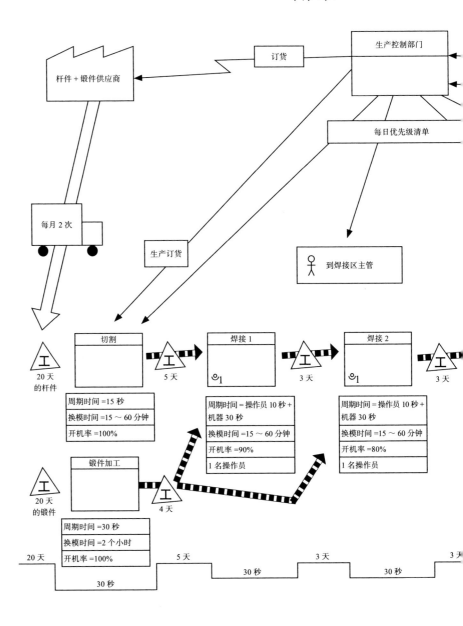

公司现状图

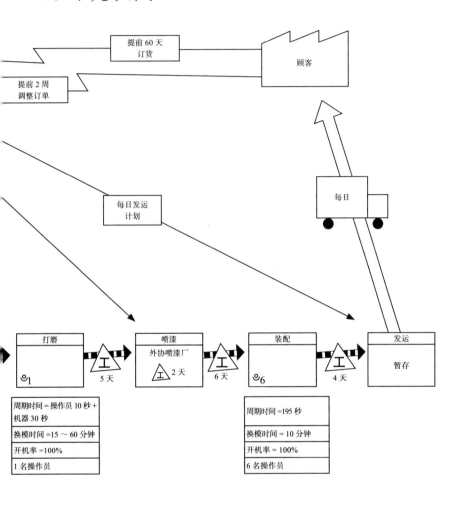

提前 60 天订货

顾客

提前 2 周调整订单

每日发运计划

每日

打磨
◎1

周期时间 = 操作员 10 秒 + 机器 30 秒
换模时间 =15 ～ 60 分钟
开机率 =100%
1 名操作员

5 天

喷漆
外协喷漆厂
△2 天

6 天

装配
◎6

周期时间 =195 秒
换模时间 =10 分钟
开机率 = 100%
6 名操作员

4 天

发运
暂存

30 秒	5 天	2 天	6 天	195 秒	4 天	交付周期 =48 天
						增值时间 =315 秒

附录 C TWI 公司

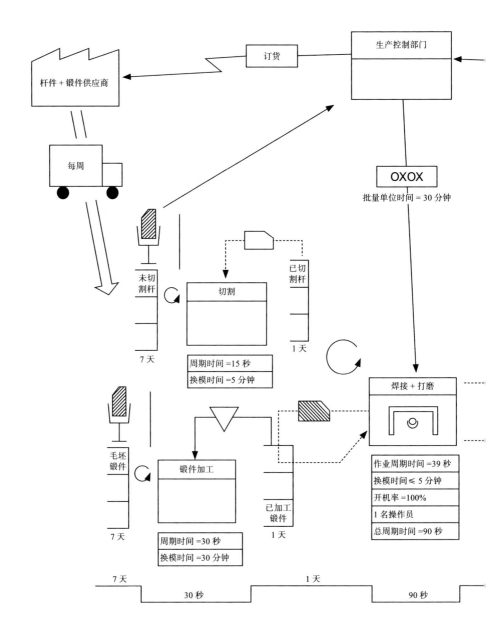

杆件 + 锻件供应商

订货

生产控制部门

每周

OXOX

批量单位时间 = 30 分钟

未切割杆

切割

已切割杆

7 天

1 天

周期时间 = 15 秒

换模时间 = 5 分钟

焊接 + 打磨

毛坯锻件

锻件加工

已加工锻件

作业周期时间 = 39 秒

换模时间 ≤ 5 分钟

开机率 = 100%

1 名操作员

总周期时间 = 90 秒

7 天

周期时间 = 30 秒

换模时间 = 30 分钟

1 天

7 天

30 秒

1 天

90 秒

未来状态图

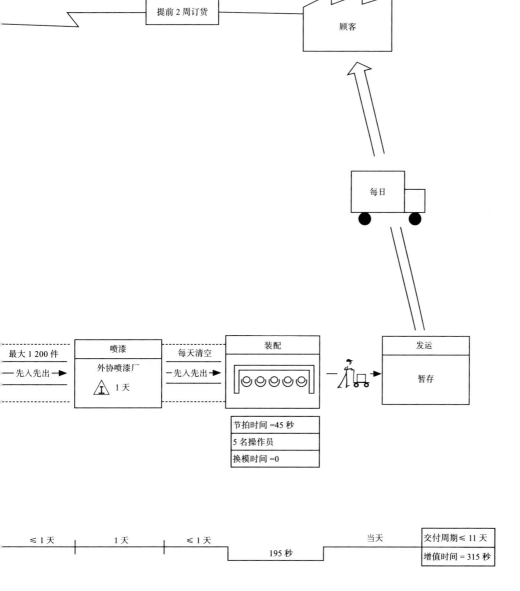

喷漆		装配		发运
最大 1 200 件	每天清空			
外协喷漆厂 ⚠ 1 天	先入先出			暂存

节拍时间 =45 秒

5 名操作员

换模时间 =0

提前 2 周订货 → 顾客

每日

≤ 1 天　　　1 天　　　≤ 1 天　　　　　　　　当天　　　交付周期 ≤ 11 天

195 秒　　　　　　　　　　　　　增值时间 = 315 秒

对 TWI 公司理想状态图的评析

　　TWI 公司的车间里有各种生产指令，这些指令往往发布得过早，而且经常反复调整以适应换模需求。实际上，根本不需要向车间发布那么多的生产指令。如果 TWI 公司每次只向第一个焊接过程发布 30 分钟时间间距的生产量，然后用先入先出的顺序，一直流到发运工序，那么生产订单的周期时间可以被缩减到 3 天以下（其中包括外协喷漆厂）。这需要在焊接和打磨工序中将换模时间减到 5 分钟以下，这样才可以按照顾客订单顺序生产不同品种的转向臂。

　　由于顾客对拖拉机转向臂品种的需求有很大差异，这几乎是一种专门为顾客设计的产品，而且补充顾客订单所需的周期时间相当长，所以 TWI 公司认为在价值流终端设立超市是不实际的，需要在上游安排生产计划。在本例中，从第一道焊接工序开始，产品就不同，所以 TWI 公司决定在此工序下达生产计划。从这一道工序开始，所有下游工序使用先入先出的方法来连接（见前面有关"先入先出"的讨论）。通过每隔 30 分钟，在这一工序下达 30 分钟的工作量（见前面有关"定拍工序"的讨论），并按照先入先出的流程，TWI 公司需要比 45 秒的节拍时间更快地进行焊接和打磨工序，大约 39 秒，每班计划换模 12 次。装配工序不包括换模，因此它可以按照接近节拍时间进行生产，每班安排 5 名操作员。

　　根据每份订单平均 50 件，以及焊接和打磨工序需要 5 分钟的换模时间的事实，TWI 公司决定将批量单位时间定为 30 分钟。根据顾客每班需求为 600 件以及 39 秒的周期时间,可以留下 1 个小时来完成每班中的 12 次换模作业。为了按照批量单位时间进行生产,生产控制部门需要将小订单组合起来,将大订单分开,使得每个批量单位时间生产 50 件产品。生产控制部门还需要对不同产品进行生产平衡,不影响上游已切割杆和已加工锻件的超市的库存。所以 TWI 公司将不完全按照订单顺序进行生产,但是它们的生产将与订单顺序十分接近。

根据以上变革,现在 TWI 公司的顾客只需要提前 2 周订货。由于已切割杆和已加工锻件的品种比成品转向臂少得多,可以用拉动系统及超市来控制。同样,未切割杆和毛坯锻件可以根据超市的实际情况来安排采购订单。这使得生产控制部门不再需要 MRP 系统提前发布生产计划以及原材料采购指令。

物料流图标

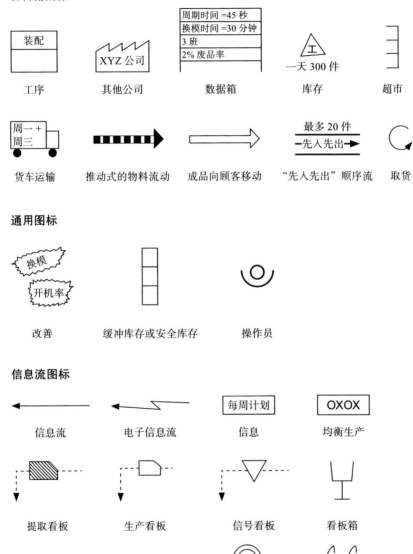

装配	XYZ 公司	周期时间 =45 秒 换模时间 =30 分钟 3 班 2% 废品率	工 一天 300 件	
工序	其他公司	数据箱	库存	超市
周一 + 周三			最多20 件 先入先出	
货车运输	推动式的物料流动	成品向顾客移动	"先入先出" 顺序流	取货

通用图标

换模 开机率		
改善	缓冲库存或安全库存	操作员

信息流图标

		每周计划	OXOX
信息流	电子信息流	信息	均衡生产
提取看板	生产看板	信号看板	看板箱

看板以批量方式传递	顺序拉动球	"现场调度"

附录 D 阿克米公司的数据设定

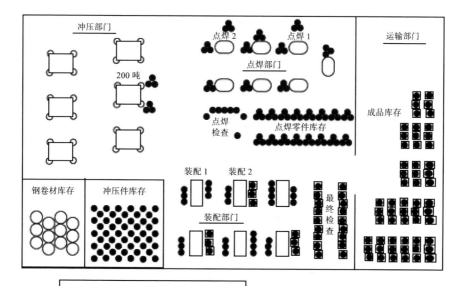

冲压部门

点焊 2   点焊 1

点焊部门

200 吨

运输部门

点焊
检查   点焊零件库存

成品库存

装配 1   装配 2

装配部门

最终
检查

钢卷材库存   冲压件库存

● = 货架中的在制品

■ = 货盘中的成品

附录 E 案　　例

　　《学习观察》中文版自出版以来，已经重印多次，累计销售达50 000 册。在中国，很多国企、民企与外企以及广大的精益实践者都使用价值流图这个工具绘制价值流图，了解现状，并且设计未来状态。但是在实际操作过程中，很多读者来信或来电给我们，提出许多问题：

　　（1）按订单生产，客户需求波动很大，节拍时间不知道怎么计算。

　　（2）产品的生产流程很长，不像书中阿克米公司的案例只有冲压、点焊和装配三道工序，一张 A3 纸根本画不下。

　　（3）产品类型很多，不同类型的产品的生产流程都不同，产品流交叉好几次。

　　（4）设计未来状态的时候看着都很好，但是实施的过程中发现要实现未来状态的挑战太大。

　　还有其他一些特定的问题。对于这些问题，《学习观察》里面并没有给出具体的答案。原因在于作为一本简单、实用的工具书，本书选取的案例不能太专业，这样才能够讲解清楚基本的概念。同时由于出版物篇幅有限，案例的价值流图还不能太复杂。因此，大家在参照本书的指导去绘制各自的价值流图时，总觉得书中讲得太简单，与实际情况大不相同。

因此，我们在 2011 年的时候，就考虑增加中国本土的价值流图案例，以期能解答一些读者的疑问。我们接触了数十家公司，征求价值流案例。有的公司愿意分享，有的则有其他顾虑。经过近一年的筛选和修改，我们最终选取了几个有代表性的案例加入附录。

这几家公司的客户订单、产品类型和工艺过程都比书中的案例复杂，且各有不同。这几家公司按照《学习观察》中的思路，组建团队绘制现状图，设计未来状态图，找出两者之间的差距，然后制订计划，一步步来实现未来状态。

价值流图不像工程图纸那样必须按照固定的规格绘制，不能有一点不同。这几幅价值流图都是根据各自的实际情况绘制的，因此各有特点。其实任何一家企业，只要能够掌握物料流和信息流的现状、找出问题并设计出未来状态，群策群力地朝着目标持续改善，就可以称为一个成功的价值流图案例。

最后要说明的一点是，我们选择这几个案例并不代表它们就是最好的价值流图，它们各有特点，但也都存在持续改善的空间。同时受到其他客观因素限制，许多细节无法在案例介绍和价值流图中详细说明。我们希望借由这些本土化的案例，带给读者有价值的参考以及启发，也欢迎大家来分享你们公司的成功案例或者一起来探讨你所遇到的疑问。

刘　健

ken.liu@leanchina.org

案例1   索美公司

公司背景及项目介绍

苏州索美公司自 1994 年正式投产至今已有 20 多年的历史，目前有 1000 余名员工。公司主要设计、生产触摸式显示屏（TP），该产品广泛应用于无线电、视听、计算机通信及航空航天等高科技领域，主要销往日本、韩国、中国香港等地，在同行业中处于技术领先地位。公司的生产模式为按订单生产，供应商大多数为海外的大型公司。

索美公司从 2005 年开始实施改善活动，项目进行得相当成功，当时在全公司形成了一股"改善风"。但实施改善一段时间后，发现改善主要针对"点"，并没有发展到"线"或"面"的整体。从 2012 年开始，在外部咨询师的指导下，索美公司开始在触摸屏的顶板产品系列上绘制价值流图并进行分析和改善。公司组成了以价值流经理为领导者的一个项目团队，人员来自设计、制造、物料、技术及生产控制部门。

产品介绍

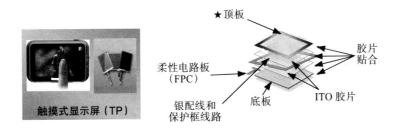

现状图介绍

- 顶板 ABC01 的每月需求量为 78 万张，节拍时间为 49 秒。

- 整体交付周期为 20.8 天，但是增值时间只有短短的 121.9 秒。

- 由于原料供应商在国外，且进口后还得经过外协加工，故原料库存停滞时间长达 13 天。顶板完成品需要经过抽检、入库、出库等烦琐流程，成品停滞时间长达 4 天。在各工序之间，也存在相当数量的库存。外协纵切以及外协检查，也使得前后库存增多。

- 检查也是一项很大的挑战，检查次数多（包括外协检查在内，共有 4 次），检查人数多（每班 20 人），检查工作占总周期时间超过 30%。如何减少检查次数，提高检查效率，成为一个难题。

- 通过操作工平衡图分析，各工序之间的库存主要是由于周期时间不一致而造成的。同时生产计划员每天要下 11 道计划，涉及不同的工序，很难控制生产。

未来状态图

- 经过了精益思想的培训，团队成员一起开发出未来状态图，在能够流动起来的地方实施连续流（比如从裁断到硬化一个制造单元，面扫、贴合一个制造单元），在不能进行连续流的地方建立超市，实施拉动式生产（比如硬化与面扫，贴合与镭射，镭射与外观检查）。

- 此外，对原料外协加工采用 VMI 或增加送货频率来减少库存，同时取消外协检查和出货检查，降低检查次数、时间以及成品超市，直接从车间仓库发货。

- 在未来状态图上，总交付周期为 9.8 天，生产计划只需要发到三道工序即可。

现状和未来状态对比

	交付周期（天）	人员配置（人）
现状	20.8	40
未来状态	9.8	22

实施

- 在这个价值流图改善的过程中，团队成员应用所学的精益套路思维，根据整体项目母 A3，每月新开一个子 A3 并完成一个子 A3，做到了 PDCA 循序渐进的持续改善。

- 现状图、未来状态图、母 A3、子 A3 都在现场管理板上，管理层及员工定期更新、发表及回顾。

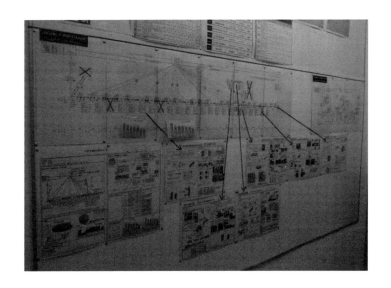

结论

- 公司原本实施的改善活动，虽然在部分业务和产品上增加了一些价值，但并没有串联起来，体现在公司最终利益环节上。价值流图让大家从局部改善提升到整个价值流的改善。

- 公司过去全力推进制造单元化，关注瓶颈工序的效率改善，并推进线平衡。但是材料的连续流并不完善，一旦材料发生停顿，线平衡的效果就无法维持。当实际作业时间出现波动时，问题无法及时被发现。所以即使是在制造单元里，还是能看到有作业者在等待。价值流的概念先让材料流动起来，再来关注生产效率的改善，让人和设备为了价值流的流动而工作。

- 原先生产计划下达给各个工序，要求各个工序根据生产计划而非实际的需求生产，导致各个工序前面都堆积了相当数量的库存，延长了周期时间，更降低了对客户需求的反应速度。从传统的推动式生产计划控制方式，转变为连续流及拉动式生产方式，极大地提高了对客户需求的反应速度。

- 在实施过程中，团队成员慢慢地转变了思维模式，从原来的看到问题就动手改善，到目前的先分析问题，确定改善的目标状态，然后再做改善。这个精益思维的建立，是索美公司管理层最高兴看到的成就。相信索美公司会持之以恒，发展出一套索美的企业文化。

现状图

注：①C/T=周期时间　②C/O=换模时间

HC公司

TP公司

索美生产计划
手工计划表方式
各班次加工计划
（每日2回）

IT=9秒/张
780千张/月（总）
R、W勤务
滚动时间：11小时勤务

6个月预测
每周发送PO（4周后投入）

3个月预测
每半月发送PO（5周后投入）

预测变化情况
太频繁，不准确

每周4回

成品仓库　47 880
库存多

中间仓库　28 000
库存多　外协检查

操作员=40人
在制品=600 048件

原料仓库　374 400　50 688
13天的卷材
2 576m×274mm
230m/天

日本→上海　每月4回
海关—上海
日本—工厂　每月4回

原料在库率
准备为社内太多

每日计划　每日发运计划

截卷韧化　50 688　5 400
C/T=81分钟
C/O=0
开机率=95%
班次=2
批量=160m件

外协纵切能
吞吐为社内　外协纵切

冲孔　5 400
C/T=15秒
C/O=0
开机率=95%
班次=2
批量=18件

黑框印刷　2 160
C/T=65秒
C/O=47分钟
开机率=75%
班次=2
批量=18件

黑框印刷、LOGO印刷
C/O太要性

硬化　1 080
C/T=67分钟
C/O=0
开机率=75%
班次=2
批量=1080件

截断-硬化
周期时间长

打孔　1 080
C/T=21秒
C/O=0
开机率=95%
班次=2
批量=18件

LOGO印刷　1 080
C/T=28秒
C/O=18分钟
开机率=95%
班次=2
批量=18件

打钉工序
必要性

品质异常
处理速度
太慢

面扫贴合　9 720
C/T=48秒
C/O=0
开机率=95%
班次=2
批量=18件

U收料工序
必要性

换膜　2 160
C/T=29秒
C/O=0
开机率=95%
班次=2
批量=18件

圆孔、换膜
工序合并

喷涂加工　1 080
C/T=300秒
C/O=0
开机率=95%
班次=2
批量=36件

镭射加工吞吐和CCD测定合并

CCD测定　5 400
C/T=39秒
C/O=0
开机率=9.%
班次=2
批量=1件

外观检查　15　####
C/T=39秒
C/O=0
开机率=100%
班次=2
批量=1件

外协检查
速度慢

出库检查　2 160
C/T=3 482秒
C/O=0
开机率=100%
班次=2
批量=1 080件

库存多
外协检查

A面换膜　3 240
C/T=30秒
C/O=0
开机率=100%
班次=2
批量=1 080件

A面换膜工序
序必要性

捆包　1 093秒
C/O=0
开机率=100%
班次=2
批量=1 080件

捆包必要性？

出货检查

交付周期=20.8天
增值时间=121.9秒

13.00　1.76　3.08　0.19　0.83　7.20　4.11　0.04　1.17　0.04　8.01　0.34　5.34　0.08　1.61　0.08　8.33　0.04　0.19　9.00　2.21　39.00　0.08　3.20　0.11　30.00　1.00　1.60

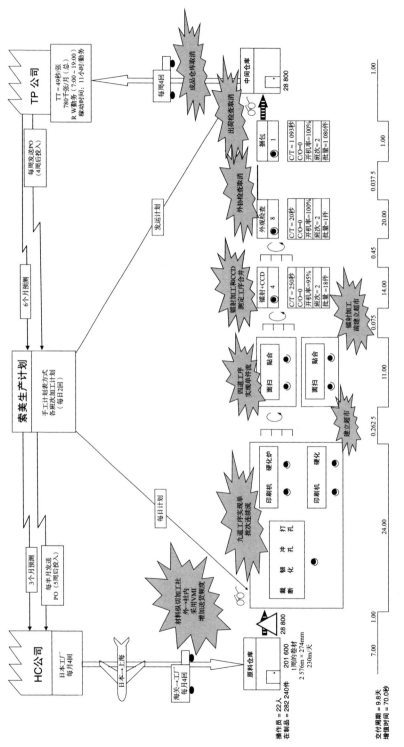

未来状态图

案例 2　江苏凯灵

公司背景介绍

江苏凯灵汽车电器有限公司（简称"凯灵"）始创于 1981 年，公司坐落于长三角地区江苏省常州市金坛区经济开发区。凯灵通过 30 多年的努力，已成为中国汽车零部件业具有系统设计开发、生产配送、市场服务能力的企业，在行业内享有较高的知名度。其网址为：http://www.js-kailing.com/。

产品介绍

公司主要生产汽车组合开关、点火锁及门锁总成、电喇叭、各类车用电器控制开关等；本案例中选取的产品系列是汽车电喇叭 DL128。

该产品主要由触片、后盖和其他零部件组装而成，其中触片在冲压完成后会外发给供应商进行热处理与电镀，后盖冲压完成后也会外发给供应商做表面处理。

产品组装之后会经过检测、后处理和包装。

现状图介绍

1. 客户需求

需求波动大，旺季需求量是淡季的两倍；旺季时交货挑战较大，淡季时工人工作量不足。

2. 生产计划

目前公司主要根据客户订单传真、电话、网上看板等客户需求信息组织生产；根据经验，部分品种会提前准备出来一些库存，以备紧急发货。

未来状态图

- 客户需求节拍时间年度平均为 7 秒，旺季时达到 5 秒。
- 汽车电喇叭 DL128 产品系列包括 80 多个型号，其中需求量大且稳定的有 13 个型号，主要通过建立成品超市、采用按库存生产的策略来维持稳定库存；其他型号主要是按订单生产。
- 公司计划将离线测试转移到在线检测，并在总装、检测、后处理和包装等工艺实施连续流。
- 由于同前道冲压、外协和供应商无法建立连续流，我们在总装前建立零件超市，包括自制零件和采购零件；另外，我们还计划建立钢带原材料超市。
- 总装是该价值流的瓶颈工序，我们将其确定为定拍工序。
- 价值流负责人通过平衡按订单生产的需求和补充成品超市的需求来安排定拍工序的均衡生产。

为了实现未来状态，我们计划有顺序地从以下几个方面实施改善：

（1）采用成品策略。

（2）建立成品超市、零件超市和原材料超市。

（3）建立从总装到包装的连续流。

（4）现场 5S 改善。

（5）缩短流水线传送带长度（30%）。

（6）减少冲压换型时间。

（7）理顺第三方物流（成品）等。

现状和未来状态对比

	交付周期	加工周期	原材料库存	零件库存	成品库存
现状	46 天	1 296.2 秒	15 天	20 天	3.1 天
未来状态	25.5 天	980.6 秒	12.5 天	10 天	3 天
改善百分比	45%		17%	50%	

另外：

（1）零件移动距离从原来的 154 米，减少到 40 米，并避免使用升降机。

（2）流水线传送带从原来的 24 米缩短为 16 米，缩短 33%。

（3）流水线生产效率提高 30% 以上。

结论

凯灵学习了价值流图的方法后，把过去"孤岛式"的传统大批量生产方式尽量向连续流的方向改进。因此，在缩短交付周期、减少原材料和在制品库存、提高生产效率方面，都有显著的进步。起初，改善团队花了很多的时间，希望把未来图画得完美，但是后来学习到价值流图重在实践，不需要一幅"完美"的未来状态图才能开始。因此，公司领导层接受了这项挑战，开始在现场一小步一小步地做试验，逐步向未来状态图的方向迈进。

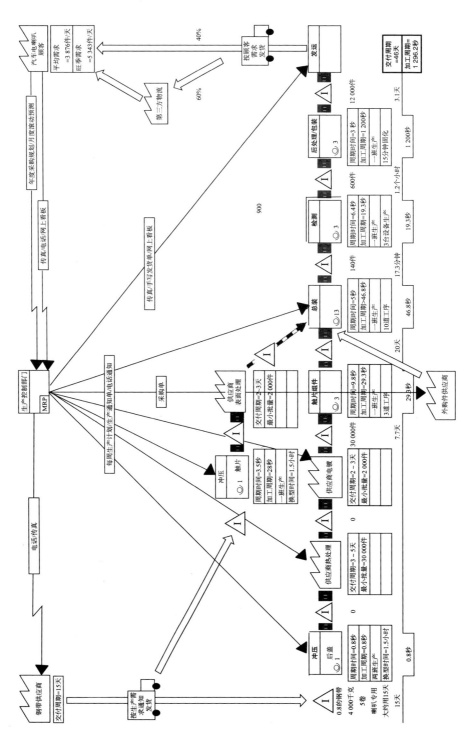

汽车电喇叭 DL128 现状图（2012 年 8 月）

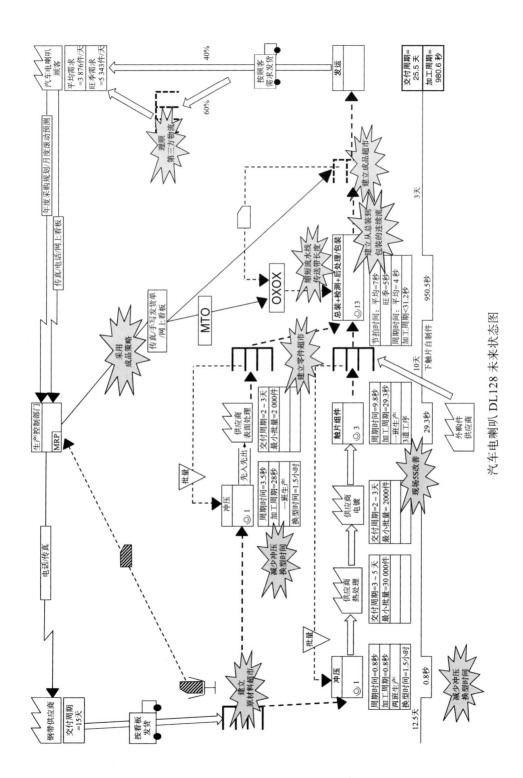

汽车电喇叭 DL128 未来状态图

案例 3　管型锁

公司背景介绍

1. 关于英格索兰安防技术集团

英格索兰安防技术集团，作为行业领导者，旗下众多著名品牌都拥有百年历史。例如，Schlage 品牌是用世界上第一款球形锁发明者的名字命名的门锁及电子安防系统品牌；Von Duprin 品牌，由第一套逃生装置发明者的名字命名；此外，公司还拥有以世界第一台闭门器的发明者命名的 LCN 品牌。在机械产品的基础上，公司又提出了安防金字塔概念，将门控五金、门禁系统、生物识别和系统集成综合于一体，提供完善的整体安防解决方案。同时，公司倡导安防和消防相结合的大安防理念。

2. 产品介绍

本案例主要选取的产品是管型锁系列产品。

现状图介绍

1. 产品流程主要步骤

供应商→原材料→ A01 仓库→冲压→ A02 仓库→涂装→ A03 仓库→总装→ A06 仓库→客户

2. 客户需求

（1）每天客户需求量为 31 250 套，节拍时间为 0.9 秒。

（2）每天都发一次货到客户或经销商。

3. 工作时间

每月工作天数为 20 天，每班次为 8 个小时，每班休息 2 次，每次 15 分钟。

4. 计划控制

（1）收到客户和经销商年度的预测需求计划与月度的实际所需订单。

（2）向锁闩、锁匙和总装车间下达每周生产计划，并下达每日发货计划。

（3）下达年度预测需求物料计划和月度实际所需物料给供应商。

未来状态图

（1）在冲压车间内部冲床工序之间、涂装车间内部工序之间，实施连续流生产。

（2）在冲压车间与供应商之间、涂装车间与冲压车间之间、总装车间与涂装车间之间，分别建立超市，实施拉动生产。

（3）总装是该价值流中的瓶颈工序，将其确定为定拍工序。

（4）重新布局锁闩组装线、锁匙组装线，在总装线采用单元生产方式来拉动锁闩、锁匙生产，实施连续流，降低在制品。

（5）计划控制按订单需求生产，只需要发布指令至定拍工序即可。

（6）针对机台设备实施快速换模（SMED）、设备综合效率（OEE）提升改善。

（7）实施标准化作业，优化线平衡，以提升人均产出。

为了实现未来状态，我们从以下几个方面实施改善：

（1）重新布局冲压机台，建立冲压车间内部连续流。

（2）均衡化涂装车间内部工序间产能，建立连续流。

（3）建立成品超市、零件超市和原材料超市来拉动生产。

（4）将锁闩组装、锁匙组装线整合至总装车间内，建立从锁闩组装、锁匙组装到总装之间的连续流。

（5）缩短冲压和涂装机台换型时间。

（6）建立冲压和涂装机台全面生产维护（TPM）体系，提升机台设备综合效率（OEE）。

（7）在总装车间每个单元里，实施标准化作业，优化线平衡，提升生产效率。

现状和未来状态对比

	交付周期	增值时间	所有库存	生产效率①	库存周转次数
现状	34.2 天	73 176 秒	32.9 天	95%	14 次
未来状态	20.1 天	73 135 秒	18.9 天	125%	30 次
改善百分比	41%		43%	30%	

① 生产效率公式 =（产出量 × 产品标准工时）/ 总投入工时

另外：

（1）锁闩组装区域从 10 800 平方米缩减至 8 640 平方米，减少了 2 160 平方米。

（2）锁匙组装区域从 2 520 平方米缩减至 1 440 平方米，减少了 1 080 平方米。

（3）冲压工程区域从 960 平方米缩减至 720 平方米，减少了 240 平方米。

（4）OEE 平均从 67% 提升至 75%，提升了 8%。

（5）总装车间物流备发料人员从 48 人缩减至 30 人，减少 18 人。

结论

中国的劳动力成本每年增加，原材料价格不断上涨，但公司这些全部出口的产品，以美元计算的产品单价仍保持不变。面对这些挑战，英格索兰只有一个选择——全面部署精益六西格玛方法论，教给员工改善的工具，同时，鼓励和授权员工参与持续改善活动。下图是 2012 年工厂整体生产效率的每月提升趋势图，这些成绩的达成是无数的改善活动、绿带和黑带项目跨部门团队合作以及全体员工共同努力的结果！

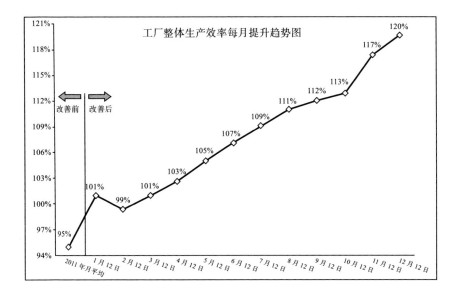

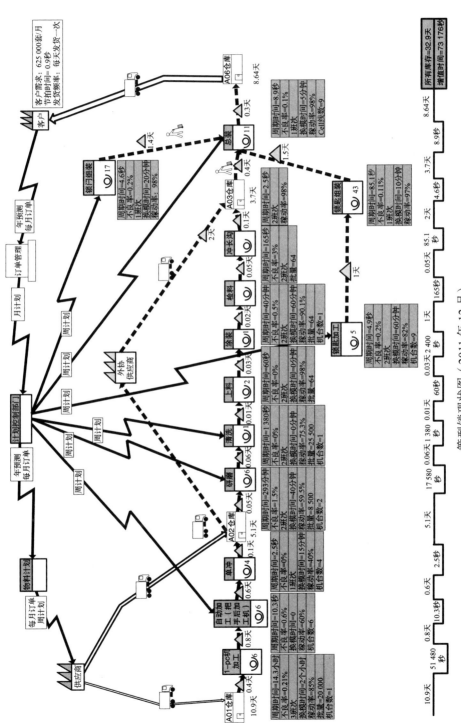

管型锁现状图（2011 年 12 月）

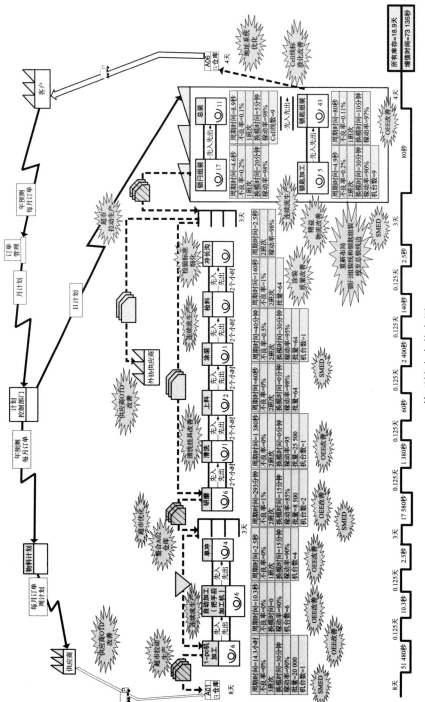

管型锁未来状态图

案例 4 南方中集

公司背景介绍

深圳南方中集东部物流装备制造有限公司(简称"南方中集")于 1980 年 1 月创立于深圳,由中国国际海运集装箱(集团)股份有限公司(简称"中集集团")全资控股。中集集团是一家为全球市场提供物流装备和能源装备的企业集团,主要经营集装箱、道路运输车辆、能源和化工装备、海洋工程、机场设备等装备的制造与服务。

南方中集主要经营集装箱业务,在集装箱业务方面是全球唯一能够提供全系列集装箱产品,并拥有完全自主知识产权的供应商,产品遍及北美、欧洲、亚洲等全球主要的物流系统。自 1996 年以来,南方中集集装箱产销量一直保持世界领先地位;2007 年,南方中集成为全球集装箱行业首家年产量突破 200 万个标准集装箱(TEU)的企业。

集团网址为:http://www.cimc.com/。

产品介绍

南方中集主要提供各类标准的海运集装箱、内陆物流箱、厢式车箱、特种箱(包括铁路箱、房屋箱、通信箱式机房等)的设计、制作等一站式服务，主要产品包括：53 尺[一]系列集装箱、48 尺系列集装箱、45 尺标准箱、40 尺标准箱和 TEU，铁路自备箱、房屋箱、通信箱式机房，各类车厢、工程设备箱，各种集装箱箱用配件，各类定制箱等特种箱项目。本案例选取的产品系列是 40 尺标准箱。

40 尺标准箱主要由侧板、顶板、门板、角柱、角件、锁杆、地板等部件组装而成，其中角件、锁杆、地板等部件由供应商提供。

生产流程主要有：开卷、冲压、部装、总装、打砂、涂装、美装及交验。

现状图介绍

1. 客户需求

需求波动大，旺季需求量是淡季的两三倍；旺季时交货挑战较大，淡季时工人工作量不足。

2. 生产计划

南方中集客服部依据集团市场部（以邮件形式）发布的订单需求组织资源中心、制造中心安排生产，由制造中心制订排产计划。

未来状态图

- 客户需求节拍时间年度平均为 137 秒。

[一] 1 尺 =33.33 厘米。

- 40 尺标准箱共有 80 余种产品，需求量较稳定的产品有 10 余种，全部按照订单生产。

- 该生产线已有实现流线化的基础，我们将根据客户订单制订生产计划，生产计划下达至美装线和交验堆场，以美装对前工段实现拉动，以降低库存，实现全线拉动式生产。

- 公司计划实施整线均衡化改善，取消各工段间的库存，采用先入先出方式保证整线流线化生产的需要。

- 看板以批量方式传递，由此拉动生产，预处理和冲压库存积压较多。我们计划引进快速换模技术，改进换模工艺，缩短换模时间，在预处理、冲压、部装之间实现小批量生产、多频次配送。

- 卷钢等材料由于成本较高且市场价格变化大，为满足战略采购需求无法降低港口库存。公司计划加强第三方物流管控，在保证物流及时的情况下，缩减厂内仓库的卷钢库存量。

- 公司计划与客户协商，优化验箱流程，改堆场验箱为线尾验箱，在美装工段和交验堆场实现流线化。

为了实现未来状态，我们从以下几个方面逐步实施改善：

（1）引进或自主研发自动换模技术。

（2）提高整线自动化程度。

（3）增强供应链管理。

（4）建立超市拉动系统。

（5）建立从部装到交验之间的连续流。

（6）降低产线库存。

（7）实现均衡化生产。

（8）实现拉动式生产。

现状和未来状态对比

	交付周期	增值时间	原材料库存	在制品库存	成品库存
现状	20.36 天	25 955 秒	15 天	3.06 天	2 天
未来状态	9.84 天	25 433 秒	8 天	1.04 天	0.5 天
改善百分比	52%		47%	66%	

结论

南方中集多年来，在不同的领域里面应用价值流图发现问题，并且寻求可能的解决方案，绘制出许多的未来状态图。经过团队的不断努力，改善的成果获得了公司领导的支持，因此决定把这些未来状态图中可行的解决方案，进行总结，建立一家新厂，包括布局、设备、工艺、物流等，这是一家精益实践者的"梦工厂"。我们很高兴能介绍这个从纸上作业到具体实施的案例。

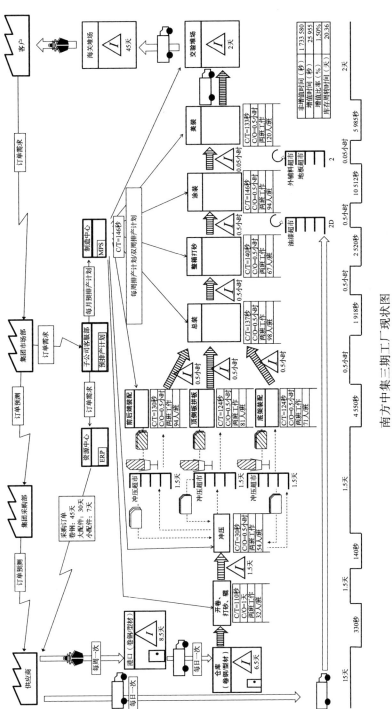

南方中集三期工厂现状图

注：① C/T=周期时间
② C/O=换模时间

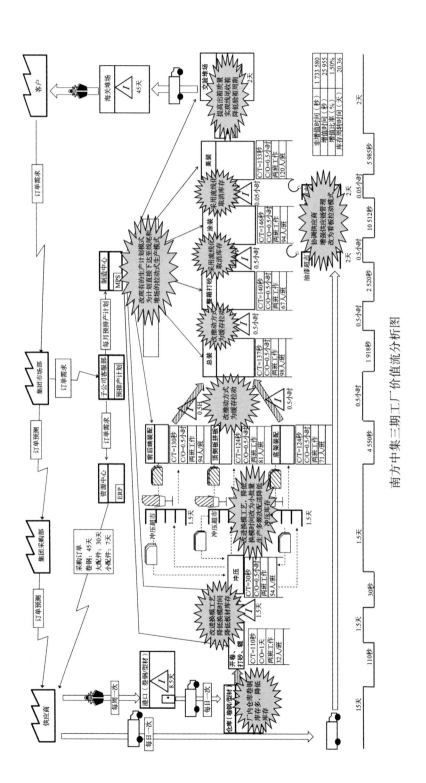

南方中集三期工厂价值流分析图

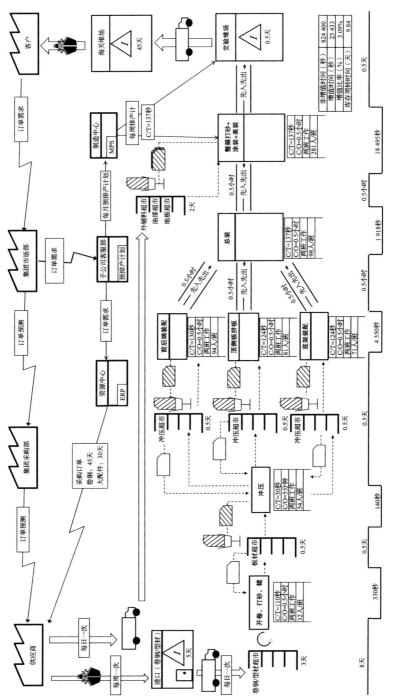

南方中集三期工厂未来状态图